市場採買×私房食譜
橫跨歐美6大國家找家鄉味

# 闖進別人家的廚房

# 一個天生旅徒　一個後天煮婦

我是一個天生旅徒！從會走路開始，就是隻愛出門蹓躂的「野狗」（家人對我的戲稱），小時候常撒嬌阿公或二叔騎機車帶我出去玩，緊黏著老爸央求騎野狼載我去兜風，老爸幾乎要用盡方法逃跑，才能甩掉我這牛皮糖，據説他還曾經趁我不注意，推著沒發動的車到兩個巷口遠才揚長而去，老媽心最軟，總是被盧著騎著小天使出門辦事情時都帶上我，如果家裡會騎交通工具的人都不在，好吧……跟阿婆四處過家（客家語：到鄰居家裡話家常）也是很好的！

對於小時候出門的記憶，大概就是享受鄉間微風吹拂及看著風景流動的輕快感，最難忘阿公阿婆帶著我和妹妹騎著偉士牌機車穿梭海岸線去海邊釣魚玩水，阿婆都會準備飯糰及好吃的配菜，那是兒時回憶裡最喜歡的海邊野餐幸福時光。

長大之後，野狗升級成野馬！離開家鄉花蓮北上求學，彷彿是一隻脱韁野馬，獨自搭火車、公車、騎機車，甚至走路，穿梭城市的大路小徑，對我來説都有著無數的樂趣。「到底有甚麼好玩的？」求學時暫居姑姑家，她總是訝異我可以為了想出門，而搭公車去公館買一份報紙的行為，時不時就非常困惑地問我這個問題。其實，我就是單純地想坐在公車上看流經車窗外的城市景象，到達某站探索周邊的街頭美食、咖啡館或覺得有趣的地方。每個居住過的城市在我腦海裡，都有專屬地圖，有撫慰系美食的地標、適合躲起來聽音樂看雜誌的咖啡館、假日可以閒晃的散步路徑。

不知不覺中，一個人旅行竟成為我生命中常態！喜歡開車兜風，喜歡前往沒去過的城市探訪景點、體驗美食和觀察城市生活場景，喜歡用相機隨拍記錄相遇觸動的時時刻刻，享受迷路可能會遇到更多驚喜的期待。因為一個人在旅途中可以盡情做自己想做的事，不用顧忌他人的想法，就能擁有更多自在與喜樂。當學會找到這些微小卻讓自己快樂的方法，也會容易放下讓自己不快樂的人事物，相信這樣走下去，沿途都可以遇到心靈契合，分享彼此生命的各種旅伴吧！

不小心成為一個後天煮婦！自從 2012 年帶自己私奔去紐約居遊開始，為了省錢得擠出「美國時間」學著買菜下廚打理三餐，不知不覺一頭栽進廚房實驗的世界，就愛上煮婦這個身份了。仔細回想小時候最純真的心願是想成為像阿婆和媽媽一樣很溫暖很會照顧人的家庭主婦，雖然至今還沒有人可以把我娶回家上任家庭主婦一職，但至少可以從「煮婦」開始做起吧！

「自己下廚」對我的人生起了非常微妙的作用，也帶來相當大的療癒效果，因為天生野馬性格，離開老家之後很少靜下心來宅在家過生活，更別提煮飯給自己吃這檔事了！幸運的是，家人和伴侶幾乎都是吃貨和厲害煮婦煮夫，我只需負責飯來張口就好，與他們生命交集的幸福回憶，大多來自餐桌上的共享時光，直到一個人生活久了，內心常冒出誰誰誰做過什麼料理好好吃的回憶，才意識到內在原來儲存這麼多餐桌上發生過的幸福記憶，學著下廚後，這些回憶更是常在腦海中席捲而來，剛開始有一段時間常打電話給老媽問她那幾道菜怎麼做，過年過節回老家時，跟在阿婆和二叔身邊，偷學料理年菜和客家傳統點心的方法，想記憶老家的家傳滋味，這些年換老爸掌廚，天生吃貨如他，全憑多年走跳江湖的味覺功力，常常變出連他都佩服自己的美食，從小天不怕地不怕只怕嚴峻老爸的我，卻因為愛吃老爸的料理，身在異鄉突然很想吃老爸的中式燉肉，用 Line 問他作法並得到回覆時，心中突然有種暖暖的感覺，看過韓良露描寫味覺存在著更深層次就是情味！或許就是説明食物與人產生的感情連結吧！

從紐約以後的旅行，我喜歡尋找有廚房的 airbnb 民宿，在異鄉尋找市場或逛超市買菜回家做飯，異國食材帶來驚喜與實驗新料理的滿足感，形成獨特的旅行記憶，有時和民居主人一起下廚，在餐桌上一頓飯的時光裡，我們不僅交換食譜偶爾也交換人生故事，在異國精心挑選的鍋具、食器和餐墊，都將在餐桌舞台上扮演重要角色，當旅徒在旅途中搜集美好的人事物後，期許將來可以成為一個很會在餐桌上用料理説故事的家庭煮婦囉！

梁以青

# 旅徒仍在旅途上

在還沒認識以青之前，我是先被她的品味吸引。前年夏天，兩個朋友成立了臉書上的二手衣物社團，讓自己的舊愛有機會成為別人新歡，以青的鍋碗瓢盆太美，而且都是她旅行世界各地帶回來的好物，每次她一貼出準備拋售的物品，就引發一圈圈漣漪，只有速度最快的人才能得手，其他人則扼腕又讚歎不已。因為實在太搶手，不久之後，以青甚至舉辦了下午茶會，讓大家到她家去現場挑選喜歡的東西。雖然說是二手拍賣，其實也和贈送差不多，而且以青還準備了她自己做的超美味點心。那天我們幾乎把她的家清空了，還從下午兩點一直聊到晚上十點，從美食談到星座，從旅行講到人生。

經過那樣的縱談，我才明白，原來那時的以青正準備出國，她說要一面看世界，一面學做菜，如果還能在旅途上遇到喜歡的人，然後一輩子做菜給他吃，那就太好了！她的想法雖然浪漫，做法卻很果決，不僅把工作辭了，連房子都要賣了，所以才會先把房子裡所有的東西那樣半賣半送地給人。我想起《托斯卡尼豔陽下》這部電影，黛安蓮恩只是去義大利旅行，卻因為一連串的機緣而買下了一幢鄉間房子，然後有了意想不到的人生；有人問她為什麼要把所有的錢拿去買一幢年久失修的房子？她說，沒有什麼為什麼，只是覺得非那麼做不可！以青就像這部電影裡的黛安蓮恩一樣，賣房子去旅行不為什麼，為的只是依循自己的心，然後勇敢往前走，因為當時的她就是非那麼做不可。她對未來沒有任何設限，唯一有的是「想要做菜給自己喜歡的人吃」這樣的期待，雖然那個人還不知道在哪裡，但她樂觀地說，只要抱著這樣的期待上路，她願意為他做菜的那個人就會在她的生命中出現。

不久之後，以青果真賣了房子，開始她周遊列國的旅行。她曾經從墨西哥寄了一張明信片給我，那上面是芙烈達的自畫像，我把這張明信片用磁鐵貼在我的辦公桌前，彷彿跟著以青一起走了一趟從美洲到歐洲的旅程。然後，又是一段時間過去，以青將她的旅行化為文字與圖象，成就了這本書。也像《托斯卡尼豔陽下》那部電影意外卻又美麗的結局一樣，出書這件事或許原先並不在她的預設內，但因為做的是自己喜歡的事，走的是自己想走的路，於是就有了令人驚喜的結果。

我並沒有問以青是否已遇到那個想要一輩子為他做菜的人？但我相信，只要依循自己的心繼續往前走，前方永遠充滿未知的可能；只要旅徒還在旅途上，想要的總會實現的。

作家 **彭樹君**

# **旅行是我們**永遠的情人

19 歲，大學畢業那一年，沒什麼偉大的理由，我就是想去看看這個世界，心一狠先將戶頭提領一光，那是我的零用錢加打工所存下的全部 12 萬 800 元，先去松江路隨意挑家旅行社，買了張飛往美國紐約的機票，再將剩下的錢全部換成美金，隔沒幾天，我就坐在飛往紐約的飛機上，還記得在西雅圖轉機，用信用卡付費打電話給媽媽時，電話那端既驚嚇又無奈的聲音，畢竟那是一個網路初初萌芽、還沒智慧手機，一出國就等於失聯的年代。但，顧不得那麼多了，我心中對於旅行的情感，對於那趟沒有預約旅程的渴望，就像茱麗葉想奔向羅密歐情人懷抱般熾熱，誰也阻攔不了。

時光流轉，身邊情人曾經來去，始終沒走的情人是旅行。以青也是如此。

看著她去紐約、巴黎、艾克斯、巴塞隆納、墨西哥等等舊情人懷抱的種種情節，勾動了我的無限情思，而更讓人又羨又妒地，情人名單裡竟還有我渴慕已久的古巴。16 個情人，是以青在女人最美年紀時遇見，30 歲後的女人談起戀愛，更加從容，不會委屈自己，也更懂得欣賞對方的好，這些特質，都讓這些國度、城市，在以青筆下顯得更為迷人了，更何況以青還端上每一情人特有的美食食譜，透著文化底韻，更顯五香十色的誘人，是愛情最美火花，又讓我蠢蠢欲動地想要展開另一趟旅程了！

旅遊作家、ELLE 生活風格主編

黃玉蓮

COCO HUANG

Contents 目錄

# 美國

# AMERICA

# 闖進世界美食的大鎔爐

# 紐約

從紐約開始有了「美國時間」下廚

因此展開我的煮婦人生。

自由女神高舉火把解放美國，而我卻拿起鍋鏟解放廚房！

曼哈頓，是一般人印象中的紐約代表！

中央公園、華爾街、百老匯歌舞劇、帝國大廈、第五大道，

還有諸多電視劇《慾望城市》的生活場景。

我的房東常說，曼哈頓就是一座Shopping Island，

第五大道則是Shopping Avenue，

雖然是玩笑話，但曼哈頓真的是一座不用環遊世界，

也可以逛到買到全世界最頂尖品牌、最有創意商品的城市！

# 紐約超市

# 就像世界食材博物館

紐約，聚居著來自世界各地的人，也因此帶來多元飲食文化，除了各種異國餐廳活躍在紐約的大街小巷之外，超市貨架上也看得到各國食材，除了美國境內各地食材蔬果之外，南美洲、歐洲、亞洲等地方香料、醬料、乾貨，令人目不暇給，進入超市儼然進入一座世界食材的博物館！

在紐約的日子裡，我最常逛及採買食材的地方，莫過於 ZABAR'S、DEAN&DELUCA、EATALY、WHOLE FOODS、TRADE JOE'S，以及住家附近墨西哥人經營的社區型小超市。

## 老品牌超市：ZABAR'S

ZABAR'S 是紐約上西區知名的老牌高級食品雜貨店，1934 年在 Broadway（at 80th Street）開張至今，已經有超過 80 年的歷史，在上西區的精華地段，有著腹地廣闊的店面，一樓是來自美國及各國品質優良的食材商品，琳瑯滿目，還有老紐約客們熟悉的外帶美味熟食區，以及獨立空間的用餐區，可以隨時享用店家嚴選烘焙的咖啡搭配輕食。二樓則是廚房用具迷的尋寶天堂，雖然不像家居風格選物店那樣善於陳列美學，比較像是個滿載著廚房好物的雜貨店，甚至找得到許多市面上少見的品牌廚房用具，以及各大廠牌的過季商品，ZABAR'S 歷經三代經營，至今仍秉持著創店精神「尊重客戶、物有所值、永遠不放棄尋找更新更美好的商品」，也因為如此，它仍是老紐約客的最愛，更是各國旅遊書推薦的熱門景點。

## 風格選物店：DEAN & DELUCA

DEAN & DELUCA 是具備紐約風格的食品選物店。創辦人 Joel Dean and Giorgio DeLuca，熱愛探索體驗各種美好的食材及食物，希望透過他們引薦的產品，帶給客戶味覺上的驚艷。1977 年，在紐約最藝術、最有創意活力的 SOHO 區，創立了第一家空間充滿設計感及質感的食品選物店及複合式咖啡

館，至此成為紐約雅痞生活中重要的據點。

第一次走進 SOHO 店，空間迴盪著古典音樂，嚴選後再經過品牌包裝的食品食材，散發著優雅魅力的設計感，蔬果花卉的擺設讓人賞心悅目，咖啡區的時尚空間陪襯著川流不息的紐約潮人，就算食品貴的驚人、下不了手，但喝杯咖啡的價錢還是花得下去，是用一杯咖啡就可以取悅自己的好地方！

## 在紐約品嘗義大利：EATALY

這是一間義大利集團旗下的精緻義大利食材超市，並提供義式料理餐飲的大型商場，在紐約的第一間分店位在 Madison Square Park 附近，也是我第二次居住紐約最流連忘返的超市。

走進這座超市，逛完食材美酒、廚房用具、食譜書區和餐飲料理一圈，就像周遊義大利美食國度一趟，而其中，義大利麵及燉飯米食材區是我的最愛！

陳列區會標示麵條及米出產自義大利哪一區，並說明食材的特性，款式種類繁多又包裝精美，像是完整豐富的義大利基礎食材標本室。

## 物有所值的超市：WHOLE FOODS MARKET

WHOLE FOODS 是我在紐約生活時最常逛、最愛買的地方，最習慣去的是 Columbus Circle 地鐵站一出站 Time Warner Center 樓下的分店，因為這家分店距離地鐵站最近，還有手扶梯，扛貨回家很輕鬆，如果你是廚具迷的話，樓上的 williams-sonoma 也不錯逛，買完之後再去鄰近的中央公園野餐，可謂一舉數得的好據點！

若說紐約超市像世界食材博物館，那麼 WHOLE FOODS MARKET 就是箇中翹楚，不但囊括各國家食材調料，而且分區清楚，一架逛完一個貨架，就像參觀各個國家的食物館藏，個人覺得這裡的外帶熟食區，算是超市界中性價比最高的！價格也介於高級食材超市及一般超市、雜貨店之間，是一種物有所值的超市型態。

## 美式風格、物美價廉：TRADE JOE'S

這家超市跟以上幾家相比，是最具美式風格且物美價廉的品牌，各式食材應有盡有，價格上也算平易近人，或許是連鎖品牌以量制價之故，TRADE JOE'S 中的生鮮蔬果、肉品及雞蛋牛奶真的比較便宜，超市裡最令我瞠目結舌的是美國人熱愛購買冷凍微波食品及零食搬貨的飲食消費行為，因為在布魯克林住家附近就有一間，所以每週固定時間就會去採買相對便宜的牛奶、雞蛋及促銷的蔬果，偶爾也會嘗鮮試試各種道地的美國啤酒及零食，特別推薦可以去逛逛 Union Square 的 TRADE JOE'S 因為除了超市，附近還有一間旗下專門販售酒的選物店。

ZABAR'S
https://www.zabars.com

DEAN & DELUCA
http://www.deandeluca.com

EATALY
https://www.eataly.com

WHOLE FOODS MARKET
http://www.wholefoodsmarket.com/

TRADE JOE'S
http://www.traderjoes.com/

GrowNYC
https://www.grownyc.org

Union Square Greenmarket
https://www.grownyc.org/greenmarket/manhattan-union-square-m

# 聯合廣場農夫市集

## 買菜順便送理念

住在紐約的時候，因為消費不便宜，所以必須自己下廚省點錢，這才開始熱衷上網尋找超市及哪裡買菜等相關資訊，當時透過一個 GrowNYC 組織的網站及部落客推薦，才知道市中心的聯合廣場有個紐約最大的農夫市集——Union Square Greenmarket，不去逛逛怎麼行。

Union Square Greenmarket 源起於 1976 年，開始只有少數農家參與，但興盛速度相當快，至今在市集旺季時，就有高達 140 家商家前往設攤，加上近幾年隨著有機農業的興起，許多強調新鮮直送的漁市肉販、手工烘焙、花卉、手工醬料及品質優良的乳酪店家，以及標榜自然農法的蔬果商家，紛紛進駐，更增添了市集的豐富度。

逛市集的趣味，除了可以買到當季新鮮直送的商品外，和農夫及商家聊天得知商品特色及生產理念，也是一種額外的豐富收獲！紐約當地的主廚們經常在此市集尋找當令食材，以作為料理靈感，學校也會帶著學童們進行校外教學，認識生活中隨季節變換的食物，當然還有對新鮮食材講究的紐約客及絡繹不絕前來朝聖的觀光客。

我很喜歡在這裡買蔬果、農家的蜂蜜和自家手作醬料，五顏六色的蔬果擺設起來熱鬧吸睛，逛起來樂趣十足，還可以分享農夫們對商品的想法與理念，他們銷售產品給消費者的細心也是我相當欣賞的地方！

例如：有一家專門為椒類分門別類的農家，每個格子分階，從非常辣、中辣、微辣、微甜……分類裝入各種椒類，因為很愛墨西哥菜裡偏辣的椒，這種分類方式讓我這外國人可以一目瞭然地挑選，老闆娘也會細心回覆各種椒類適合的料理方式，這可是有別於超市的購物樂趣呢！市集裡有很多美味手工烘焙，買些貝果或點心，到旁邊聯合廣場公園找張椅子休息野餐，也是一種煮婦生活的小確幸。

# 雀兒喜市場

## 最潮最時尚的風格市場

如果要體驗最能表現紐約創意、搞怪、出奇不意且令人驚嘆的地方，非肉品包裝區 Meatpacking District 莫屬了！也只有紐約精神，才能顛覆一個原本充斥著屠夫及卡車穿梭的肉品分裝加工廠區域，變成紐約甚至世界最潮的時尚特區。

在這個區域裡，運送肉品的荒廢高架舊鐵道，修築成為凌空瀏覽紐約建築及街景的空中綠色廊道——The High Line，散步其間，你可以擁有最酷的視角，欣賞鐵道園藝、裝置藝術，並且穿梭在各種新舊建築之間，欣賞炫目廣告壁畫，途經像本書橫跨高架鐵道的時尚旅館，下了橋就能直接進入紐約最酷、吃貨最愛的雀兒喜市場（Chelsea Market），The High Line 的盡頭就是最新的惠特尼美術館（Whitney Museum of American Art），周邊即是肉品包裝區精華地段，各種潮設計品牌及個性餐廳酒吧紛紛改造加工廠原貌，成為顛覆倉庫印象的個性空間！白天還能見工人、貨車穿梭在古老的磚造道路上，夜晚同一條路卻馳騁著名車，倒映著潮男型女的身影，第一次來這個區域，白天夜晚兩樣情，真是令人驚嘆啊！

雀兒喜市場就是這個區域的第一個叛逆小子，把一座餅乾工廠的倉庫，成功改造成紐約最有型最有風格的市場！粗獷的磚造工廠建築，換上設計外衣，出落得有型有款，內部原本斑駁的空間，把廢屋美學發揮得淋漓盡致，燈光及藝術裝置搭配得恰如其分，喧鬧的市場人流裡，安靜的牆面，是沈默卻相當吸睛的藝廊。

這裡聚集很多紐約餐飲名店，如 Sara Beth's Bakery、Fat Witch Bakery、Amy's Bread，這些店家應該會是烘焙迷們會管不住自己的地方。人氣最旺的則是海鮮販售區，乾淨無腥味的景象，讓我第一次有種逛漁市好優雅的感覺！複合海鮮料理相關的餐廳緊挨著用餐地點，卻一點都沒有違和感，大家最愛來盤大龍蝦，鮮紅大龍蝦搭著鮮黃檸檬片，吮指大吃的模樣，讓人忍不住都會跟著吞口水，價格昂貴也會讓人口水擦擦就好，轉身去結帳真正屬於

ARTISTS
&FLEAS
AT
CHELSEA
market
ARTISTSANDFLEAS.COM

我的 comfort food，這裡有我很喜歡的盒裝外帶壽司檯，酪梨壽司是心頭好，再來杯熱呼呼的海鮮巧達湯，最好能找到 Ninth Street Espresso 對面的用餐位置，欣賞自戀優雅像義大利男人的型男煮咖啡的姿態，餐點享用完，再走過去吧檯點一杯 Espresso，近距離看他修長雙手工作的模樣，時不時還耍帥甩髮……，凹嗚……姐都可以靈魂高潮了（很貼切ㄟ…編輯不要刪…希望讀者尺度都很寬）！

魂收收該回到市場正題，這裡不同於一般市場，它販售的不僅是食物，還有食物品牌的個性質感，個人最喜歡逛食譜書店及 Buno Italia，歐洲雜貨感十足，讓人一逛就覺得很像在尋寶，而我最常流連忘返的是 Spices and Tease，各種香料擺設的美色，各種味覺層次豐富的挑逗，以及讓人很難抗拒的香料魅惑！總會讓我想起一部跟香料有關很好看但中文名翻譯很糟糕的電影《調情魔師 The Mistress of Spices》（如果找不到電影台灣也可以買到好看的中文翻譯書——《香料情婦》，片中的印度女孩在美國經營一間香料鋪，憑藉她和香料的默契，善用香料魔力療癒人心，然而她治癒了一個男人卻也動了凡心，陷入背叛終身與香料相守的誓約而引來災禍的故事。這座市場有太多可看性了，如果跟我一樣有收集市場癖好，請務必列入必訪清單。

**Meatpacking District**
http://www.meatpacking-district.com/

**Chelsea Market**
http://chelseamarket.com

**The High Line**
http://www.thehighline.org/

**Whitney Museum of American Art**
http://whitney.org/

# 必訪廚具用品店
## 煮婦驚聲尖叫管不住荷包

餐桌上的祕密就是：食物好不好吃雖然很重要，但餐具擺盤搭配好，立馬五感提升，開心享受在五星級餐廳用餐的魔力，由此可見鍋碗瓢盆的魅力不容忽視啊！

因為喜愛收藏美麗的杯杯盤盤，而且從事飯店工作多年，跟著餐廳主廚學了不少為料理擺盤增添美色的藝術，所以我每到一個地方旅行，必定會尋找家居廚房用品店，最愛的是杯盤和餐具，卻也是最佔行李空間及重量的物件，所以每個城市只能精選最喜歡的幾件帶回家。然而，最好攜帶且最無法抗拒的就屬不同設計和材質的餐墊了，因為它們是餐桌派對的魔術師，換一套餐墊就立刻換一種餐桌風景和用餐氣氛！

在紐約生活迷上料理之後，我也不小心成了圍裙控，而且會買得很失控，總會不斷幻想自己要成為風情萬種的 Home Chef，需要隨著各種異國料理變身成各種廚娘造型，例如：巴黎小酒館、法國春天野餐、南法鄉村風、托斯卡尼陽光廚房、紐約型廚、西班牙熱情廚娘、墨西哥粉紅小辣椒等各式風情，諸如此類的角色扮演豐富我的煮婦生活。

至於廚房用具，近年來也成為旅行中及逛街時必做的功課，鍋具是我又愛又恨又想扛的首選，在紐約各大廚房用品店，會網羅世界各國經典鍋具及廚房用具，遇到感恩節、聖誕節特惠活動時，極有可能比台灣打折時再便宜很多很多，在美國留學的朋友，藉著感恩節特惠時，以大約美金 99 元幫我買了一只 24cm 酷黑 STAUB，這樣物超所值的物件，再怎麼重姐也會想辦法扛回來的！

在紐約逛的第一家廚房用品店是 Williams-Sonoma，一進店家就被餐桌風景給震懾了，最新一季 LC 鍋具色系搭配一系列質感餐具及花藝燭光，只能說景象好迷人！ Williams-Sonoma 在加州起家，是率先引進法國精緻廚具的廠商，因此風靡美國，現在則是世界各國精緻廚具餐具的高檔選物品牌，集團旗下 West elm 品牌也是我的愛店，家居用品強調紐約在地的原

Williams-Sonoma
http://www.williams-sonoma.com

West elm
http://www.westelm.com/

Sur La Table
http://www.surlatable.com/

Fishs Eddy
http://www.fishseddy.com

Whisk
ttps://www.whisknyc.com

創設計，追求手工及個性化，布魯克林本店還有專門為當地設計的個性商品，杯盤及餐桌用品的設計感讓人愛不釋手。

個人最喜歡的其實是在蘇活區逛街時不期而遇的 Sur La Table，外面櫥窗寫著一句深得我心的話「The Art & Soul of Cooking」，走進才發現簡直是廚具迷的天堂啊！這裡除了有高檔廚具品牌之外，多了更多設計巧思的廚房工具、各式餐桌派對主題的道具，以及來自世界各國好用的烘焙用具，看著那些關於廚房餐桌美麗的巧思，靈魂真的就有心花怒放的感覺！ Sur La Table 還開設各種異國料理課程，並善用店內商品，讓學生直接體驗料理的藝術及意趣。

如果想尋找美式風格的餐具，Fishs Eddy 是我會想特別推薦的紐約老店，他們累積無數美式餐具風格演進的物件，也有許多紐約代表圖騰的餐具設計，在美國國慶及總統大選時，還會推出紀念版的幽默商品。第二次到紐約去 Fishs Eddy 的途中，發現了另一家比較美式鄉村雜貨風格的廚具選物店 Whisk，其實它的本店在布魯克林的威廉斯堡，因為更強調廚房工具實用性的選物特性，與其它品牌有了區隔，店裡有非常齊全美國本土品牌 Lodge 的各式原鐵鑄鐵鍋具，還有很多不錯的野餐器具也是我非常喜歡的。

## Sur La Table廚藝教室

2016 再次回到紐約，就是打算要來學料理的，因為沒有想成為專業廚師，所以沒有選擇專業的料理學校，只想選擇廚藝教室推出的有趣家常料理課程，行前收集了幾家不錯的廚藝教室，我想各在曼哈頓及布魯克林區選擇不同的教室風格來體驗其中的差異。

在曼哈頓選擇的是 Sur La Table 位於 57 街的廚藝教室，這間地處高級地段的教室，空間設計感極簡現代，課程包含各種異國料理主題，我挑選的是美式海鮮料理及古巴料理課程。

課程開始前，教室都會先準備點心飲品，讓老師學生們可以先輕鬆閒聊，進入課程後會先分 4 人一組，接著就帶著大家一道道開始實作，課程中還會分享料理小技巧，老師非常幽默風趣，很會帶動氣氛，分組同學默契可能就要看當天的運氣，我有一堂課和三個爽朗樂天的美國婆婆們一組，她們是從年輕陪伴彼此到老的姐妹淘，常常相約一起到處上課學習新東西，整堂課聽著她們彼此玩笑的對話，以及樂於和我分享關於食物旅行的樂趣，是我在 Sur La Table 最開心也最難忘的一堂料理課！

教室資訊

Sur La Table cooking class

306 West 57th New York, New York 10019

212-574-8334

# 一起下廚：**夏日海洋主題派對**

**今日菜單**

沙拉　第戎芥末油醋燻腸洋芋沙拉

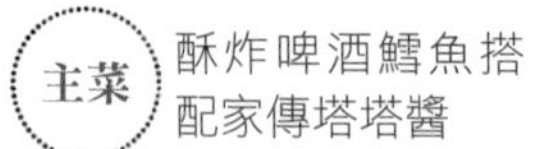
主菜　酥炸啤酒鱈魚搭配家傳塔塔醬

主食　香蔥甜玉米燉飯

## 第戎芥末油醋燻腸洋芋沙拉／份量：4人
（Grilled Smoked Sausage and New Potato with Whole-Grain Mustard Vinaigrette）

**沙拉材料**

- 紅球狀馬鈴薯（黃金馬鈴薯亦可）／450g
- 燻腸／200g
- 海鹽／1 湯匙
- 芝麻葉／2 量杯
- 聖女番茄／1 量杯
- 青蔥／1 根
- 西洋芹／3 根

**醬料材料**

- 第戎芥末籽醬／2 湯匙
- 蘋果醋／2 湯匙
- 蜂蜜／2 茶匙
- 橄欖油／3 湯匙
- 現磨黑胡椒／少許

### 沙拉

① 將挑選小顆球狀渾圓的馬鈴薯清洗乾淨，找一只深鍋放進馬鈴薯和海鹽，加水超過馬鈴薯大約 3 公分，中火把水煮開後轉小火將馬鈴薯煮熟軟後，濾水放涼後四分切成丁備用。

② 等待馬鈴薯煮熟時可以先處理生菜，將聖女番茄對半切，青蔥切細蔥花，西洋芹切細丁和芝麻葉放在沙拉調理盆裡備用。

③ 燻腸在煎盤上翻煎到微微焦香後斜切呈橢圓片備用。

④ 等候馬鈴薯和燻腸放涼至常溫後，連同生菜再一起倒入油醋醬汁進行調味。

### 油醋醬

取一只醬汁調理碗，放進油醋醬汁材料調勻，依個人喜好加海鹽及現磨黑胡椒調味，最後把醬汁倒入沙拉調理盆拌勻即可。

煮婦食記

夏日週末的傍晚，即使沒有後院可以BBQ和親友歡度假期，在廚房邊喝啤酒邊翻煎燻腸滋滋作響，空氣中飄散著些微焦香味，也可以假裝有這樣的心情了，這雖然是一道沙拉，但好適合拿來當夏日下酒菜。

註：量杯是指市售烘焙用250ml量杯

## 酥炸啤酒鱈魚搭配家傳塔塔醬 ／份量：4人
（Cornmeal Battered Cod with Homemade Tartar Sauce）

- 蛋黃醬／1 量杯
- 玉米／2 湯匙
- 酸豆／1 湯匙
- 新鮮檸檬汁／1 湯匙
- 砂糖／1 茶匙
- 香蔥／1 湯匙
- 茴香／1 湯匙
- 扁葉荷蘭芹／1 湯匙
- 第戎芥末醬／1 茶匙
- 海鹽／少許
- 新鮮現磨黑胡椒／少許

### 啤酒鱈魚

- 麵粉／1 量杯
- 玉米粉／1/2 量杯
- 玉米澱粉／1/2 量杯
- 泡打粉／1 茶匙
- 美式海鮮調味粉／1 茶匙
- 啤酒／350 ml

- 鱈魚／250g

### 塔塔醬

①將玉米切碎。香蔥、茴香、荷蘭芹切細備用。

②酸豆需要先過水然後切碎備用。

③把所有材料放進調理盆中攪拌均勻，依喜好調整海鹽及胡椒的調味，放冰箱冷藏備用。

### 酥炸啤酒鱈魚

①首先製作酥炸香噴噴鱈魚的啤酒麵糊裹醬，將麵粉、玉米粉、玉米澱粉、泡打粉及美式海鮮調味粉一起放置調理盆中拌勻。

②粉類拌勻之後，緩緩分批次調入啤酒，邊放邊攪拌直到成為均勻滑順細緻的麵糊。

③將鱈魚片先去骨刺，然後切成長條片狀，放入調理盆裡讓雙面充分裹上麵糊，再稍微灑上些許海鹽及研磨黑胡椒。

④同時間，在炸鍋放入可高溫炸物的蔬菜油，用中火預熱，油鍋到溫後，將裹上麵糊的鱈魚片緩緩放入酥炸至兩面金黃後瀝油起鍋。

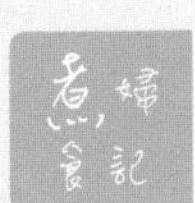


帶著啤酒香氣的酥炸鱈魚，沾上老師家傳的塔塔醬，酸豆帶來獨特酸勁，嘗得到芥末醬的濃郁，還有許多新鮮香草提味，就是一道夏日配啤酒的天菜啊！

註：量杯是指市售烘焙用250ml量杯

## 香蔥甜玉米燉飯 ／份量：4人
（Sweet Corn Risotto with Chives）

**高湯材料**

- 玉米／2條
- 大蔥／1根
- 洋蔥／1顆
- 胡蘿蔔／1根
- 蒜瓣／2片
- 黑胡椒粒／1/2湯匙
- 月桂葉／1片
- 西洋芹／1根

- 燉飯米／1量杯
- 帕馬森起司／1量杯
- 料理用白酒（不要有甜味）／1/2量杯
- 無鹽奶油／2湯匙
- 初榨橄欖油／1湯匙
- 蝦夷蔥／2湯匙
- 海鹽／隨喜
- 現磨黑胡椒／隨喜
- 大蔥蔥白／1/3量杯
- 洋蔥丁／1量杯
- 玉米粒／1量杯

### 蔬菜高湯

① 把玉米刨下玉米粒後盛碗備用，骨幹切段放進燉湯鍋。

② 大蔥切段放入燉湯鍋，洋蔥四分切，胡蘿蔔切段，西洋芹接切段後也一起進湯鍋，加入8量杯的水，最後放入黑胡椒粒及月桂葉，中火熬煮高湯，大約需要30分鐘的時間，結束後過濾掉食材，把乾淨的高湯放旁備用。

### 燉飯

① 用26cm左右的平底鍋或鑄鐵壽喜鍋放入橄欖油，中火熱油後放入細切過大蔥蔥白及洋蔥丁炒軟。

② 加入米翻炒拌勻食材及充分讓米粒裹上油。

③ 加上白酒後繼續翻炒均勻，開始放入蔬菜高湯蓋滿食材中小火熬煮，時不時用木湯匙翻動底層避免燒焦，持續倒進蔬菜高湯到米粒接近九分熟軟時，放入玉米粒繼續熬煮和木匙翻動底層，同時放入海鹽及研磨黑胡椒調味。

④ 待米粒熟軟湯汁收乾到九成時放入奶油及刨薄碎片帕馬森起司調勻直到湯汁收乾，最後撒上蝦夷蔥蔥花拌勻後起鍋。

沙拉有重口味的燻腸還搭配酥炸鱈魚和濃郁塔塔醬的主菜，最後的主食燉飯裡的玉米清甜和蝦夷蔥清香，平衡了所有的好滋味！

註：量杯是指市售烘焙用250ml量杯

# 布魯克林

布魯克林，大家一聽到我要租屋在哪裡，

就會送我一句：「布魯克林很危險耶！」，

對！我就是知道它曾是紐約幫派聚集廝殺地盤的地方，

所以才很迷人啊，但是實際住在現代的布魯克林，

會發現驚喜比驚嚇超乎預期的多！

昔日幫派廝殺地盤的威廉斯堡現在是創作者廝殺創意的重鎮，

許多理想家或是創作者前來紐約，就是想尋求展現自己的機會，

但曼哈頓貴到讓夢想活不下去的租金，則逼著他們跨橋移居到布魯克林的工廠

倉庫區（還是所謂的幫派特區），

反而藉著他們的創意殺出布魯克林獨特風格的生活地盤。

# 時尚頂樓農場

## 在高樓大廈間享受田園樂趣

生活在布魯克林的這段時間，回家做完晚餐，就會上網查資料配飯吃，有天，因為很好奇紐約的農夫及農場會是甚麼模樣？所以在網站上搜尋布魯克林近郊農場，卻因此讓我找到一個很酷的頂樓農場（Rooftop Farm）組織 Brooklyn Grange Farm，他們目前成功開發和經營了兩處頂樓農場，分別在 Brooklyn Navy Yard 和 Long Island City，兩處皆可上網報名參觀農場的導覽行程，大部份要收費但有時會有免費自由參觀日（仍然需要網上預約才能進入參觀）。

我報名的行程是 Brooklyn Navy Yard 的付費導覽，隨著導覽人員坐電梯登上頂樓，一打開厚重鐵門之後，驚呼聲此起彼落，你就知道有多令人驚艷了！首先，映入眼簾的是蝴蝶蜜蜂飛舞在花叢間，寬敞的頂樓農場中分區栽種不同的作物，四周映襯著曼哈頓及布魯克林的建築，這座隱匿在全世界最時尚的城市，最不起眼廢工廠頂樓，卻又如此生命力盎然的自然農場，高反差的程度，讓人覺得太不可思議了！

導覽員會先解說農場的結構設計及經營理念，然後一區區說明不同作物區彼此相鄰的關聯，當大家看到雞舍裡竟然有雞跑跑跳跳時，嘖嘖稱奇的模樣，彷彿是動物園裡來了稀世珍獸。

農場的農夫們蹲在作物叢間忙著鋤草、整理和採收，我也蹲下來拍著他們工作的模樣，身處在花叢和作物中，仰望著蔚藍天空，蝴蝶和蜜蜂時不時飛來嘻鬧，秒忘自己其實身在紐約，環視周邊高樓大廈，一邊農場，另一邊則是與城市相連的天際線，我想這是紐約這個無奇不有的城市才會有的風景吧！

想像農夫們白天穿著工作服在大自然裡處理農務，下班換上潮服前往布魯克林最藝術、最時髦的當波（Dumbo）街區的專業音樂酒吧，喝杯小酒、聽聽音樂，放鬆一下身心，或者跟朋友相約在喜愛的個性餐廳小聚，甚至一個人看場表演都很棒，害我好想應徵當布魯克林的頂樓農夫喔！

整個導覽下來，你會發現這個組織真的超有心地耕耘一種綠色食尚的生活

ANASTASIA
COLE PLAKIAS
VICE PRESIDENT AND FOUNDING PARTNER
OF BROOKLYN GRANGE
THE
FARM ON THE ROOF
WHAT BROOKLYN GRANGE TAUGHT US ABOUT
ENTREPRENEURSHIP, COMMUNITY, AND
GROWING A SUSTAINABLE BUSINESS
BROOKLYN
GRANGE bees
natural raw
wildflower
honey made
by the best
bees in NYC
urban
ROOFTOP FARM
BROOKLYN
GRANGE
HOT SAUCE

BROOKLYN
GRANGE
BROOKLYN
GRANGE
BROOKLYN
GRANGE

Brooklyn Grange Farm
http://www.brooklyngrangefarm.com/

理念，不僅將寸土寸金的紐約大樓閒置空間妥善運用，規劃成最環保的綠色農場，還依循著自然農法養育作物，供應城市中強調健康食材的大小餐廳、生機超市，讓農場能永續經營存活下去，此外，透過開發各種農場的導覽行程、季節活動、餐桌聚會和作物產品，藉此分享傳達他們為紐約人的餐桌，帶來更多健康有意義的生活理念！

參觀完第一間農場後，內心激起一股久久不散的熱血，於是又報名了 Long Island City 的行程，很幸運的是當時有免費參觀日，我帶著日本室友一起去瞧瞧紐約的天空農場，就是想目睹開門那一刻她驚呼的表情，當她驚訝地走進農場之後，立刻變成好奇心女孩，沿路哇哇哇個不停，她說從小生活在日本鄉間，爺爺也是農夫，來到這裡就像回到小時候，好熟悉自在的感覺，我也是從小生活在農地裡，從上大學開始就到城市唸書及工作，漸漸淡忘從小活在大自然裡，擁有怡然舒適身心的感覺是甚麼，雖然我們離不開城市生活，但在都市裡能有這樣的一塊園地喚醒身體回想起在大自然生活的自在與喜樂，對來自農家的孩子來說，是多麼幸福。回家前買了農場當季採收的蔬果、蜂蜜和出產的綠辣椒醬，晚餐一起做了綠辣椒雜蔬麵，搭配蜂蜜打的綜合莓果汁，徹徹底底滿足兩個鄉間女孩的靈魂味蕾！

# 布魯克林市集

# 獨特創意好逛又好買

遊走曼哈頓跟布魯克林之間，個人偏心地認為布魯克林這裡的人超愛也超會辦市集！從發起的理念、招攬的商家、地點的選擇、整體的包裝設計，連同網頁宣傳設計等等，都在在表現出獨特創意。第一次來紐約時，最想朝聖的就是超人氣布魯克林跳蚤市集（Brooklyn Flea），第二次來則特別想發掘布魯克林的在地農夫市集。

## 跳蚤市集尋寶找創意

Brooklyn Flea，當初在搜集紐約資料時，就迷上他的網站介紹，週末在當波（Dumbo）的威廉斯堡舉辦的大型戶外市集，擁有數百家二手傢俱、復古服裝、古董收藏品，和布魯克林製造的工藝設計、珠寶服裝個性設計商品，還有強調當地獨有手作品牌的美食攤位，吸引了無數潮男潮女、紐約客，以及觀光客來尋寶！

我住在布魯克林時，房東是土生土長的布魯克林人，他力薦我搭乘水上巴士前往位在威廉斯堡的跳蚤市場，水上巴士可以穿越布魯克林大橋和曼哈頓大橋，沿途觀賞曼哈頓和布魯克林兩邊不同的城市風貌，果然是在地人才懂得的水上小旅行。

對於跳蚤市場喜好者來說，第一次參觀威廉斯堡的跳蚤市場絕對會非常驚艷！店家選貨或設計商品之精彩，讓人流連往返，恨自己口袋不夠深，無法通通買回家，而口袋夠深的人，則可能會衝動到需要叫貨櫃才搬得回去；市集裡的布魯克林美食也很棒，我在這裡愛上了煙燻牛肉夾墨西哥辣椒的漢堡、Brooklyn Roasting Company 口感極佳的新鮮烘焙咖啡，還特地查了資料，循線找到他們在當波的烘豆工廠咖啡館，這也是我名單中第一間布魯克林倉庫風愛店。秋末冬初天氣寒冷，市集就會改在閒置的老銀行空間 Skylight One Hanson 裡舉辦，建築及空間本身肯定是復古迷的天菜，因此商品無論擺在哪個角落，都像是拍雜誌一樣令人愛不釋手。

BROOKLYN
WATCHES

## 綠色市集遇見超有理念的農夫

一直覺得很幸運，朋友幫忙找到布魯克林的廉價租屋，而且還位處很棒的區域，這裡是 Carroll Gardens 的 Court Street，據房東說，早期是義大利人聚集打造的社區，所以區域主街道的巷弄裡，大多是棕色磚造的獨棟房舍，前庭有小花園，家家戶戶種植花卉及香草，每逢週末，鄰近的 Smith Street 就會有販賣社區有機蔬果、新鮮手工醬料和烘焙點心的小型市集，走到 Court Street 的盡頭，則是布魯克林最大的綠色市集 Brooklyn Borough Hall Saturday Greenmarket。

在 Brooklyn Borough Hall Saturday Greenmarket 中，強調當地當季食材、有機及布魯克林製造，除了蔬果攤之外，還會有小農自製的特別商品，例如乳酪、家傳手工醬料、自然野放的蜂蜜等等，都各自有其生產理念。

Brooklyn Flea
http://brooklynflea.com/

Smorgasburg Brooklyn Flea and food
http://www.smorgasburg.com/

Brooklyn Borough Hall Saturday Greenmarket
https://www.grownyc.org/greenmarket/brooklyn/boro-hall-sa

Grand Army Plaza Greenmarket
https://www.grownyc.org/greenmarket/brooklyn-grand-army-plaza

Dumbo Farmers Market
http://dumbo.is/hosting-a-farmers-market/

Down to earth markets
http://downtoearthmarkets.com/

偶爾，周末時，我會搭地鐵去素有布魯克林中央公園之稱的展望公園（Prospect Park），公園的西北方會舉辦Grand Army Plaza Greenmarket，逛完可以買些點心到公園野餐，或者在附近探索風格咖啡館。

我最喜歡的是 Dumbo Farmers Market，雖然規模最小但合併著曼哈頓大橋下的二手跳蚤市集和布魯克林美食市集，周邊還有許多在當波的愛店，除了買菜、尋寶、吃美味小吃之外，還能順便逛逛，對我來說是一舉數得的好選擇！這裡的農家商家都很有想法，也比較會推廣商品理念，有時在攤位上聊天的客人比買菜的客人還多，我喜歡一家布魯克林在地人的烘焙點心鋪，主人最愛實驗各種口味的比司吉，我的心頭好則是藍莓優格比司吉，但鼓起勇氣嘗試過一次辣椒比司吉，只能説口感還滿驚奇的呢！

# 個性咖啡館地圖

## 親近在地生活氣息的最佳去處

在旅行時，我最常尋覓當地的個性咖啡館，來做為回憶城市的地標，總覺得咖啡館是一個能夠反映地方生活氣息的縮影，從早到晚坐在裡面，可以觀察甚麼樣的人們會走進來尋找甚麼，又帶走甚麼？抑或是停留下來享受甚麼感覺？

個性咖啡館從空間風格表達獨特性，從烘豆、研磨、煮咖啡的技法，到搭配烘焙點心的用心中，可以看出店主人默默地透過咖啡桌，傳遞對於生活品味的信念及堅持，而咖啡館空間中迴盪的音樂、書架上的選書、牆上的創作，則是一種靈魂尋找知音的溝通，因為這些元素，讓咖啡館景象形成一種物以類聚的人文風景。

布魯克林，大概是我居遊城市裡，最會運用咖啡館展現性格魅力，並找到衷心擁護者的地方！我想分享幾家布魯克林的愛店，就算還沒計畫到當地旅行，偶爾瞧瞧官網或粉絲專頁，以靈魂吸食咖啡因文化，對醒腦還是一樣好用的！

### Frankies 457

還沒去紐約之前，朋友給我一本 GQ 雜誌，裡面有專題介紹布魯克林美食的文章，巧合的是，其中幾家就在租屋處附近，更妙的是 Frankies 457 就在我家隔壁！只能說一切都是宇宙最好的安排。

我很喜歡 Frankies 457 棕紅色磚造的樸實空間，以及美麗的後院，食材講究能感受出店家的用心，咖啡是布魯克林在地烘培研磨的，擁有專屬個性風味，厚實的杯子從溫杯到端上桌，會讓你感受到他們愛咖啡愛的很細膩。每到假日早午餐時間，你會看到許多絡繹不絕進出餐廳的文青型男女，也讓這裡變得無比優雅！

### Brooklyn Roasting Company

讓我愛上布魯克林倉庫風的功臣就是 Brooklyn Roasting Company，但

真正認識它，卻是在 Brooklyn flea 裡吃完墨西哥辣椒夾煙熏牛肉漢堡，這種粗獷的要命的美食之後，想來杯溫潤醇香的 Roasting Company 拿鐵咖啡，整個味覺體驗有種感受到鐵漢也有柔情的奇特魅力。循線找到位於當波的烘豆工廠咖啡館，開闊的工廠改造成風格獨特的咖啡館，夾雜烘豆機器聲響及抒情搖滾樂的空間，氣氛卻一點也不違和，反而有種充滿地方特色的生活感，我喜歡點杯拿鐵搭配用三種濃郁起司混搭的三明治，坐在工廠裡翻閱近期展覽的宣傳單，讓我有一種融入當地生活的感動。

## Devocion café

Devocion café 的老闆是一位哥倫比亞人，對家鄉出產的咖啡投注全然熱愛，堅持「From the Tree to the Cup」都忠於新鮮原味，從哥倫比亞純淨的山中產地咖啡樹叢裡，以手工挑出最好的豆子，還不惜成本用 FedEx 快遞直送到布魯克林烘豆工廠咖啡館，我先聲明我並不是喝咖啡專家，但試過許多布魯克林在地人氣咖啡館的咖啡，它絕對是最有性格風味的咖啡！

除了咖啡有風格，空間的視覺魅力也令人難以抗拒而上癮。那一天，夏季陽光透過倉庫工業風天窗，灑落在復古皮革沙發上、綠色植栽牆面上、攝影展牆上、室內陽傘下、咖啡人的臉龐及身軀，以及書本和電腦螢幕上……，形成各種光影交織而成的獨特氛圍，如果不是咖啡夠有個性，這頗具戲劇性的空間感，實在太過分的搶戲。

### Blue Bottle

小藍瓶 Blue Bottle，是前往紐約前列入布魯克林必訪的咖啡館名單第一名！雖然是從美國西岸紅到東岸，再紅去東京的人氣咖啡品牌，但在布魯克林威廉斯堡的烘豆工廠咖啡館，卻是紐約第一家分店，並供應著每日新鮮烘焙的豆子給東岸分店的總廠。第一次喝小藍瓶是在東京表參道的分店，我的味覺也許被極簡明亮的清水模空間感給左右了，總覺得咖啡有種與眾不同的小清新口感！但來到威廉斯堡的倉庫，風格卻和東京店完全不一樣，但咖啡入口的那股清新香氣依舊相同，就像是小藍瓶 LOGO 本身散發出清朗的迷人氣質！

## CAFÉ GRUMPY

想到 CAFÉ GRUMPY「愛生氣」咖啡館，就會又氣又好笑，第一次前往紐約前，在書店買到一本坊間少有的紐約時報匯整紐約咖啡館專題的譯本，當時看到「愛生氣」咖啡館的名字忍不住發笑，朋友說，「GRUMPY」就是白雪公主身邊七個小矮人裡「愛生氣」先生的名字，衝著這麼幽默可愛的取名，一定要去氣氣看！

果真，造訪那天是個寒冷的雨天，在有點像工廠住宅區的 Greenpoint 中迷路，不禁有點小生氣，為甚麼人氣咖啡館會開在這麼難找的地方，一看到癟嘴正在生氣的店招就噗哧笑出來，氣也消了。進門之後，撲鼻而來一陣烘豆磨豆的咖啡香氣，店內客人彷彿熟稔到像是鄰居好朋友一般自在，和吧檯手有說有笑，然後端走自己的咖啡後，隨性地在大桌邊找個位置坐下，有的甚至就坐在烘豆間轟隆轟隆的機器旁，不以為意地專注享受咖啡時光，好奇地問吧檯手為甚麼咖啡館要取這麼好玩的名字，他說：「就是要用一杯撫慰人心的咖啡來治療有起床氣、工作氣、讀書氣，反正就是愛生氣的人啊！」

## Hungry Ghost Coffee

Hungry Ghost Coffee「餓死鬼咖啡館」，是有天上網閒逛布魯克林資料時，看到店名差點噴飯的咖啡館，也是一見鍾情愛上咖啡品牌 STUMPTOWN 的地方！

我很愛喝拿鐵，總覺得咖啡本身太有個性就會有種和牛奶同床異夢的感覺，但他們家的拿鐵就是會令人有種咖啡與牛奶完美結婚的感覺！第一次去的時候，點了一份招牌三明治不夠，加點長相扎實的手工烘焙點心，搭配大杯熱拿鐵，過癮十足！三明治的口感好特別，完全不像一般的美式大老粗三明治風格，生菜裡夾著果香的清甜，再襯托上烤雞滋味很開胃，搭配溫潤醇厚熱拿鐵完美加分，非常對味，絕對是能撫慰「餓死鬼」們的天堂！

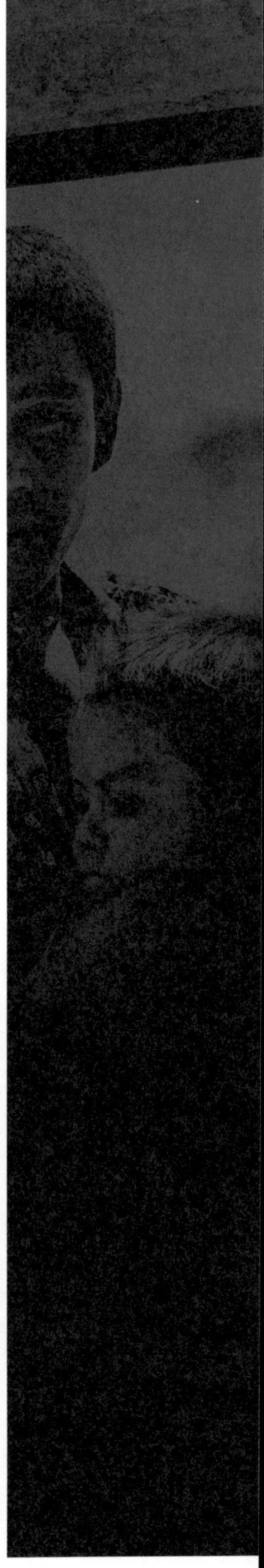

## Gorilla Coffee

Gorilla Coffee，也是日本室友力薦的咖啡館，她說這牌子的咖啡豆跟咖啡館在東京相當有人氣，看到網站那隻醒目的黑色大猩猩 Logo，也實在覺得很討人喜歡，我們一起去了離住家最近的那家，因為夏天實在太熱了，即使亞洲女性都知道最好不要喝冰的，但還是忍不住都點了出了名好喝的 Cold Brew 咖啡！後來再去喝了熱、冰拿鐵和其他咖啡，都相當平易近人，但就比不上 Cold Brew 香氣四溢清甜爽口的夏日風味！

## STUMPTOWN

STUMPTOWN 是從美國西岸波特蘭（Portland）起家的咖啡品牌，第一次在 Hungry Ghost Coffee 喝到他們家的咖啡就一見鍾情、愛的要命！讓我會想再點第二杯，這對一個喝咖啡有扣達的失眠鬼來說，是必須要好喝到有衝動才行耶！於是問了店家煮拿鐵咖啡是架上哪一種咖啡豆？我要牢牢筆記是用 Hair Bender 煮出來的！咖啡吧檯手和我分享 STUMPTOWN 雖然是西岸的牌子，但他們東岸的烘豆廠在布魯克林的紅鉤（Red Hook），屬於自家血統純正的咖啡館就要到曼哈頓的 Ace Hotel 才喝得到了。巧合的是，離開紐約前的住宿，就是預訂 Ace Hotel，這下可以喝個夠還可以盡情扛貨。我想也許是它細膩溫厚的質感及醇口，很適合搭配風味口感也相對有細緻質感的烘焙或輕食料理，所以在許多人氣烘焙和咖啡店家都會有它的蹤影！常笑說愛喝拿鐵的原因，就是有種像被暖男擁抱的溫厚療癒感，STUMPTOWN 對我來說就像是被最愛的暖男大叔湯姆漢克，在帝國大廈重逢時溫暖入心的一抱啊！（唉……舉這例子真怕只有六年級女孩才能和我有共鳴耶！）

Frankies 457
http://www.frankiesspuntino.com/

Brooklyn Roasting Company
http://www.brooklynroasting.com

Devocion café
http://www.devocion.com

Blue Bottle
http://bluebottlecoffee.com

CAFÉ GRUMPY
http://cafegrumpy.com/

Hungry Ghost Coffee
http://www.hungryghostbrooklyn.com

Gorilla Coffee
http://gorillacoffee.com

STUMPTOWN
http://www.stumptowncoffee.com

## 煮婦採買路線

# 地鐵L線Bedford Av站

地鐵 L 線 Bedford Av 站，就像是小叮噹的任意門，一出站就是布魯克林創意廝殺的重要地盤——威廉斯堡的精華地段，廚具專賣店、個性商店林立，各種異國料理餐廳，人氣當紅的咖啡館、布魯克林在地製造的品牌等等，應有盡有地在此區域落腳茁壯，威廉斯堡的 Bedford Ave、Berry St、Wythe Ave 這三條大街，是咖啡痴、文青魂、選物迷、煮婦魂、廚具控要好好仔細、以魚骨狀徒步穿梭探索的三條主要幹道啊！在台北，忠孝東路只要走九遍，但這三條路可能走個 99 遍都不會膩。

這次既然是以煮婦魂來寫這本書，最好先介紹本煮婦的辦貨路線。地鐵站一出來沿 Bedford Ave，會先經過布魯克林相當有名的起司專賣店「Bedford Chesse Shop」，店裡的人憑藉對美食的喜愛，很樂意協助推薦燉飯、義大利麵、沙拉或三明治適合搭配使用的起司乳酪。

往 Whole Food market 方向走去，則會遇到廚具控的嗶嗶危險警戒區「Whisk」廚具專賣店，時不時還有好物特價出清，有可能買菜錢就先失守了！到了威廉斯堡最新最具時尚風格的 Whole Food market 之後，簡直就可以把它當食物美術館來逛，裡面商品及食物顏色的陳列都是門視覺藝術，重點是可以順便欣賞我的天菜——愛下廚的型男！真是個活絡一下心跳的好地方啊！

買完菜眼福也飽了，還需要去附近 Blue Bottle 點一杯拿鐵來個心靈的暖男抱！（如果 STUMPTOWN 是等在帝國大廈的暖大叔湯姆漢克，那 Blue Bottle 就是守在諾丁丘書店的暖男休葛蘭了），願意走遠點就去 Devocion café，露背洋裝總是要去有陽光灑下的空間裡才會迷人啊，性格十足的咖啡廳，總是物以類聚地充滿個性魅力的男女，一杯好咖啡的時間，坐在那裡享受內心無限想像的小劇場；如果心情太嗨停不下來，不妨就沿著 Wythe Ave 走到尾端，布魯克林在地釀造的啤酒工廠 Brooklyn Brewery 跟附近的 DJ 職人的頂樓音樂吧 OUTPUT，在這裡等你來嗨！

Bedford Chesse Shop
http://bedfordcheeseshop.com

Whisk
https://www.whisknyc.com

Whole Food market · Williamsburg
http://www.wholefoodsmarket.com

Brooklyn Brewery
http://brooklynbrewery.com/

OUTPUT
http://outputclub.com

# Archestratus Books & Foods
## 對食物最浪漫的料理書店

有天日本室友帶我去她在 Greenpoint 的咖啡館愛店，以烘焙點心出名的咖啡館 Ovenly Café，搭地鐵時她突然想起咖啡館附近有一家專門賣料理書的獨立書店 Archestratus Books & Foods，她直呼應該早點告訴我才是！

好喜歡這種擇日不如撞日的驚喜，讓人開始對 Greenpoint 這個地方充滿期待的好奇心，當走進這間書店時，立刻興奮拉著室友説這實在是太驚喜了吧！一間書店只為料理書和食物而開⋯⋯，老闆應該是生性太浪漫，而且他迷戀的就是食物！裡面有新書和二手書，包括各國及各種有趣的料理書，食物食材相關書籍等，他們也收藏很多坊間書局已經下架或絕版的書，書店門口還有一個像 Menu 的板子，本月餐桌聚會或讀書會活動羅列在上如同主廚推薦菜色，最上頭還逗趣地標著像「今夜特餐」的當日活動，這些小小幽默也深討我歡心啊！如果料理和食物是你的至愛，拜託你也來一趟和我一起感受這種浪漫！

Archestratus Books & Foods
https://www.archestrat.us
https://www.facebook.com/ArchestratusBooksandFoods/

# 布魯克林廚房

## 煮婦夢想中的完美廚房代表

第二次居遊紐約，因為迷上布魯克林的倉庫工廠風的商家，所以想發掘更多這個城市令我好奇的地方，行前搜尋和布魯克林相關的廚藝教室和特殊食材店家，其中The Brooklyn kitchen光看網站，就讓我魂都提前飛過去了！

The Brooklyn kitchen 的大倉庫空間裡，有烘焙食品區、廚具專賣區、料理設備區、生鮮食材選物區、專業食材處理區，還有一個挑高開闊 LOFT 風格的開放廚房及廚藝教室。所有商品和食材都是經過店家嚴謹篩選，也有專業師傅幫你處理包裝生鮮食材。至於廚具專賣區不僅囊括歐美各大品牌，還遍及亞洲如日本南部鐵器質地細膩的鍋具，或者是布魯克林在地製造的好物。

特別喜歡布魯克林在地製作香料的品牌——Greenpoint Trading Co.，在料理書櫃區還找到一本非常棒的書《Made in Brooklyn》，書裡按各區分類介紹當地有哪些致力發展在地品牌的商家，這對想探索布魯克林生活風貌的人來說，是一本超棒的索引指南！

Loft 風格的廚藝教室是讓我至今仍魂牽夢縈的地方，一踏進教室驚艷一番之後，立馬許下宇宙訂單：「未來我的廚房要長得像 The Brooklyn kitchen ！生活空間要像 Devocion café ！」但因為預算考量最後只選擇上了兩堂課。

第一堂課是「Seasonal Chef's Table」，一進教室就瞧見正在備菜的老師，放著音樂哼著歌輕快隨意飛舞在整個空間～教室會準備無限暢飲的 Brooklyn Brewery 啤酒，老師說她自己下廚時，最喜歡放著音樂、喝著啤酒，做菜就會更起勁，聽了就好喜歡呀！她以輕鬆在家料理的氣氛，帶領大家實作，希望盡量選用當季食材，調味時不用拘泥「匙度問題」，用自己的味覺慢慢去調整出喜歡的味道，大家喝了點啤酒，更容易敞開心房打成一片，就像是好朋友們談笑間，完成了一場餐桌聚會。

第二堂課則是「Indian Cooking with Rupen Rao」，老師非常仔細介紹印度料理的靈魂——香料，他說媽媽教了許多料理小技巧讓他一生受用無窮，當大家切洋蔥噴淚受不了時，他就笑說小時候切洋蔥掉淚時，媽媽安慰他切洋蔥會掉眼淚的人這輩子才會找到真愛！從此切洋蔥就是他最喜歡的工作，此話一出又惹得大家哄堂大笑。老師出了好幾本印度料理書，收藏了一本《Indian Cooking From My Mom》，他在書裡簽名時寫「Thanks for coming to my class . Happy Cooking」，Yes Sir ！我會永遠 Happy Cooking ！

The Brooklyn kitchen
http://www.thebrooklynkitchen.com

Made in Brooklyn
https://www.facebook.com/MadeInBrooklynbook/

# 一起下廚：**主廚當季即興料理**

**今日菜單**

**主菜** 印度風味坦都里烤雞

**甜點** 夏日樂桃桃克拉芙緹

## 印度風味坦都里烤雞／份量：8人
（Rupen's Tandoori Chicken）

- 雞胸肉／4塊各約330g
- 原味優格／1量杯
- 檸檬／3顆
- 無鹽奶油／4湯匙

- 坦都里烤雞粉／1/2量杯
- 或者自己調配如下：
- 紅椒粉（Paprika）／2茶匙
- 辣椒粉／1茶匙
- 乾燥葫蘆巴葉／2茶匙
- 咖哩粉／2茶匙
- 馬薩拉綜合香料／1茶匙
- 蒜粉／1茶匙
- 薑粉／1茶匙
- 鹽／2茶匙

**作法**

① 每一顆檸檬都切成四等分，擠成檸檬汁一旁備用。無鹽奶油則放室溫中，待其稍微軟化後備用。

② 將雞胸肉去骨、去皮並切片，兩面灑上鹽。以半顆檸檬擠成的檸檬汁拌勻，放旁靜待15分鐘。

③ 取一個小調理盆，將軟化的奶油及檸檬汁先拌勻，再拌入所有的香料材料，倒入大型調理盆，加入優格再次拌勻，此奶油檸檬香料醬是雞胸肉的醃料。

④ 把雞胸肉片放進大型調理盆內，充分均勻裹上盆內的醬料，用保鮮膜包好放進冰箱冷藏至少4小時以上。

⑤ 在等待雞胸肉醃製過程中，製作奶油檸檬醬，同樣也將融化的奶油與檸檬汁拌勻，因為此醬料是雞胸肉在烤的過程中，翻面塗抹的醬料，因此分量多寡可以自行拿捏。

⑥ 橫紋鑄鐵煎盤大火預熱後，放上雞胸肉片烤約10分鐘，烤好的那一面翻過來後抹上奶油檸檬醬，持續烤5分鐘翻過來後也同樣抹上奶油檸檬醬，重覆這個直至雞肉烤熟後起鍋。

煮婦食記

一直很喜歡印度的香料，所以選了一堂印度料理課，這道坦都里烤雞的香料粉是老師自己家的配方，自己調的好處是想吃辣就多點辣粉，想要咖哩味重些就下手重一點，可以調出一個屬於自己的秘密配方！

註：量杯是指市售烘焙用250ml量杯

## 夏日樂桃桃克拉芙緹 ／份量：8人

### 甜點材料

- 無鹽奶油／3 湯匙
- 香草糖／2 湯匙
- 香草精／1 茶匙
- 杏仁精／1/4 茶匙
- 海鹽／少許
- 雞蛋／3 顆
- 鮮奶／1 量杯
- 糖／1/2 量杯
- 麵粉／1/2 量杯
- 櫻桃／1 量杯
- 甜桃／1 量杯
- 蜜李／1 量杯

### 作法

① 櫻桃去籽對切、甜桃切丁、蜜李切丁備用。

② 使用直徑 23cm 的鑄鐵烤盤，抹上 1 湯匙奶油，放進烤箱用 175 度預熱。

③ 將材料中另外 2 湯匙奶油、鮮奶、蛋、糖、鹽、香草精和杏仁精用攪拌器拌勻，再加入麵粉繼續用攪拌器至柔順的麵糊。

④ 把麵糊倒入預熱好的鑄鐵烤盤上均勻散平，撒上綜合水果丁，最後灑上香草糖後放進烤箱，使用 175 度溫度，烤約 35 ～ 40 分鐘即可。

夏日美國盛產各種桃類水果，櫻桃、甜桃、黃桃從市場到超市處處都在促銷，蜜李和黑李也到處可見，老師充分運用夏季水果的酸甜的各種滋味，讓法式克拉芙緹這道香滑可口的焗布丁蛋糕，更增添水果香氣與甜蜜滋味，熱熱吃或放涼吃都相當好吃！

註：量杯是指市售烘焙用250ml量杯

# 家族聚會必備家鄉味料理

## 闖進墨西哥媽媽的廚房

自從喜歡下廚後，生活圈陸續出現了很多廚房閨蜜，她們常會提到婆婆媽媽傳授料理撇步跟手路菜，讓我心生嚮往和這些廚房老手裡學到一些家傳食譜，非常喜愛這種家庭情味的傳承與故事。

因為酷愛旅行和尋味人間，所以心中向世界上的媽媽們學料理的種子開始萌芽！有天和布魯克林房東閒聊起這念頭，他突然想起在展望公園野餐結束後，護送我去地鐵站搭車的墨西哥裔學生 Mauricio 的媽媽很會做菜，於是幫我詢問並徵得 Mauricio 的媽媽同意，回覆可以教我做幾道墨西哥家常料理，當下真是一個太開心啊！

拜訪墨西哥家庭時，Mauricio 的媽媽熱情爽朗的歡迎我到來，然後我就開始當起小助手，一邊備料一邊閒聊，她和我分享從少女到嫁作人婦、成為人母的心路歷程，因為很愛家庭，所以每天都會下廚準備三餐，餵飽她生命中最愛的三個男人，她說，在墨西哥，女孩很小就要和媽媽們學習下廚跟幫忙家事，所以用料理照顧家人是最自然不過的事情。

她教我的是墨西哥家族聚會時，最常做也是大家最喜歡吃的墨西哥粽

Tamales，三種傳統醬料 Mole、綠椒蔬菜起司和綠醬雞肉的口味都是最愛，所以想要一次教給我。傳統醬 Mole 是一種以辣椒為基底的混醬，裡面有各種墨西哥香料，微辣還帶著巧克力味道；綠椒蔬菜起司我最喜歡，從沒有想過簡單的辣綠椒、洋蔥和番茄混炒，最後再加上起司融化之後的滋味如此美妙！後來我常做蛋餅或鬆餅包裹著這道醬料，吃過的人都說好吃；綠醬雞肉的風味也很棒，是用綠番茄和辣綠椒煮熟後加蒜瓣簡單調味打成泥，混搭手撕雞胸肉絲的肉醬。至於墨西哥粽則是用一種玉米粉加上泡打粉做成麵糊，在玉米葉上鋪一層麵糊後放進醬料，包裹成長條狀的墨西哥粽放進深鍋裡加水悶熟，大約半小時蒸好出爐後盛盤上桌，媽媽就會熱情吆喝大家圍過來餐桌一起享用，喝著墨西哥汽水還有紅酒，那種家庭餐敍的氣氛真的好好呦！

離開前，請媽媽幫我在墨西哥食譜書上簽名，因為我想以後看到書時就會想到她，當她簽上 Maria Mcza 時，笑著說 Mcza 這個姓氏在墨西哥話的意思就是「桌子」！我也笑著說：「妳天生就是要來讓桌子豐富的女人啊！」

# 一起下廚：墨西哥家鄉味蔬菜起司鬆餅

**鍋具** 6 吋（15cm）鑄鐵平底煎鍋

**材料**

### 墨西哥風味蔬菜起司

- 墨西哥辣綠椒（或綠椒）／2 條
- 番茄／1/2 顆
- 洋蔥／1/2 顆
- 起司／適量

### 荷蘭寶貝鬆餅 Dutch baby

- 奶油／1 湯匙
- 砂糖／1 湯匙
- 麵粉／1/4 量杯
- 牛奶／1/4 量杯
- 蛋／1 顆
- 鹽／少許
- 香草精／少許（也可以不用）

**作法**

### 墨西哥風味蔬菜起司

① 墨西哥辣綠椒、番茄、洋蔥各自切成條狀，分量比例大約是 1：1：1。

② 平底鍋放橄欖油先炒香洋蔥，接著放進墨西哥綠辣椒條，最後放進番茄切條炒熟。

③ 加鹽及黑胡椒調味拌炒均勻之後，再放上起司條讓它自然受熱融於蔬菜上。

### 荷蘭寶貝鬆餅

① 鑄鐵烤盤先進烤箱以 210 度預熱。

② 調理盆中打一顆蛋進去之後，再加入糖打均勻。

③ 放入麵粉、牛奶、鹽和香草精拌勻。

④ 把奶油放在預熱過的鑄鐵間盤上融化均勻後，再倒入麵糊到鍋深 1/3 處。

⑤ 再放進烤箱 210 度烤約 15 ～ 20 分鐘，視個人喜歡的焦度調整時間。

⑥ 荷蘭鬆餅出爐之後，再放上墨西哥風味蔬菜起司，即可享用。

煮婦食記

墨西哥媽媽教的墨西哥風味的蔬菜起司，本身就是一道風味絕佳的菜餚了！因為我愛吃辣，在美洲或歐洲有許多品種辣綠椒，只要找到這種椒類，再搭配隨處可買的番茄和洋蔥，就這三樣簡單清炒加鹽和胡椒調味就相當好吃，加上濃郁的起司口感，再用淡淡奶油香的荷蘭寶貝鬆餅夾起來吃，讓嗜辣的我感到無比滿足。

註：量杯是指市售烘焙用250ml量杯

## 大受好評的宴客料理

# 我的布魯克林家庭煮婦時光

布魯克林租屋處的廚房，是居住在紐約時光生活中最重要的空間，每天起床第一件事是準備早午餐，用手機播放著音樂，房東養的貓大叔名叫Scooter，此刻就會圍過來腳邊陪我下廚，它那雙好奇的雙眼盯著我正在做些甚麼，在陽光下伸懶腰睡在腳邊，總覺得這樣的生活光景很療癒！

這次特別背著在東京入手的柳宗理鑄鐵小煎鍋去旅行，它可是上得了直火進得了烤箱的廚房好幫手呢！每天早上都拿它來做媽媽教我的香蔥煎餅，用爐火煎的兩面赤赤香噴噴，簡單好吃到連貓室友都非常愛來搶食，再打杯綜合水果派對果汁，就是每日營養豐盛的早午餐。

託朋友的福在美國買到物超所值的史大伯酷黑鑄鐵鍋，可以做很多燉煮料理，拿到這個厚實酷黑帥勁十足的鑄鐵鍋時突發奇想，找一個類似氣質的黑人型男，借他的名字做為帥鍋的名字，日後使用帥鍋時，就會想著有紐約型男陪我下廚。然而帥鍋的真命型男，就在燈火闌珊處得來卻全不費工夫。住家附近小小咖啡館「The seed of love」來了代班咖啡吧檯手，一位笑起來很陽光的黑人型男，溫暖親切的氣質，專注煮咖啡模樣很迷人，輪到我點咖啡時跟他搭訕，順勢問到了名字，拿著咖啡走出店門往地鐵站的路上，整個心花怒放，Yes ！我的帥鍋就叫 Tim 吧！

搬離布魯克林住家前，用帥鍋燉煮了老爸的家傳中式燉肉、中式蔬菜炒飯還有自然甜的蜂蜜莓果派，在家宴請相當照顧我的房東 Sunny、日本室友Noriko 還有墨西哥男孩 Mauricio，沒想到燉肉鍋竟然成為外國朋友最念念不忘的心頭好！這個家的小廚房是我愛上料理的起點，從為了省錢餵飽自己的廚房實驗，到宴請朋友們來場滿足味蕾的餐桌聚會，就會想著人生很奇妙，你永遠不知道隨意種下的一顆種子，它究竟會帶來甚麼樣的豐收！很喜愛自己成了Home chef，用熱情去料理，用餐桌來分享對身邊人的愛。

# 一起下廚：**外國朋友最愛中式料理**

**今日菜單**

**主菜** 老爸的家傳中式燉肉

**點心** 老媽的香蔥煎餅

## 老爸的家傳中式燉肉 ／份量：6人

**鍋具** 24cm 琺瑯鑄鐵燉鍋

**材料**

- 大蒜／2 根
- 青蔥／4 根
- 蒜頭／6 顆
- 雞蛋／6 顆
- 五花豬肉／600g
- 醬油／1 量杯
- 料理白酒／1 量杯
- 水／2 量杯

**作法**

① 五花肉切塊後用熱水川燙去血水後放旁備用。
② 雞蛋煮熟後剝殼備用。
③ 鑄鐵鍋倒入些許橄欖油熱鍋放入蒜瓣爆香。
④ 接著放入大蒜及青蔥切段稍微翻炒。
⑤ 放入五花豬肉塊和胡椒拌炒（老爸常會加牛腩一起煮，五花豬的油會讓牛肉更 Q 嫩）。
⑥ 醬油、酒和水以 1：1：2 的比例調成一碗，加入鍋中均勻翻炒食材，最後加入白煮蛋。
⑦ 視個人喜歡鹹度調整加入醬油和水的比例，一直到淹過食材上方後大火煮開轉小火悶燉。
⑧ 燉煮約莫 30 分鐘即可上菜。

煮婦食記

老爸是家中的率性總鋪師，相對老媽靈巧細膩的料理路數，他走的是豪放不羈的路線，常邊叼著菸邊炒菜，看他下廚就是有種難以言喻氣勢，調味不拘「匙度」，全憑個人當下靈感，但做出來的菜讓人吃的有爽度。這道燉肉源自於我阿婆他老媽，因為他們倆都是無肉不歡的金牛座美食偏執者，所以頗有種口感傳承的滋味！偶爾回家鄉老爸都會燉一鍋讓我帶回台北，懶得下廚時熱一熱就可以吃，每次吃到這道菜都會想到這兩位愛吃肥肉的母子。旅行交換食譜時每做這道燉肉都會讓外國朋友讚不絕口，尤其是日本的朋友，她說大蒜苗的滋味讓她想起鄉下的奶奶。

註：量杯是指市售烘焙用250ml量杯

## 老媽的香蔥煎餅 ／份量：1人

**鍋具** 6 吋（15cm）鑄鐵平底煎鍋

**材料**

- 青蔥／2 根
- 麵粉／1/4 量杯
- 清水／4 茶匙
- 雞蛋／1 顆
- 奶油／些許
- 鹽／隨喜
- 胡椒／隨喜

**作法**

① 調理盆打入雞蛋打散後，放進麵粉再加 4 茶匙的水拌勻。然後進行調味，鹽和胡椒隨個人喜好增減。
② 青蔥切蔥花後倒入麵糊拌勻。
③ 小煎鍋需先預熱，放入奶油再將鍋身傾斜式旋轉均勻散開。
④ 放入 1/2 麵糊之後，再將鍋身傾斜式旋轉讓麵糊流動散佈均勻。
⑤ 兩面翻煎至個人喜歡的焦度後起鍋。
⑥ 一份麵糊大約可以煎成三片煎餅。

煮婦食記

高中熬夜唸書肚子餓想吃宵夜時，都會撒嬌媽媽做香蔥煎餅給我吃，很喜歡站在媽媽身旁，看她手巧靈活細切蔥花，打個蛋調麵糊，撒進蔥花，鹽和胡椒調味，用食指沾點麵糊試味道，下鍋香煎到金黃微微焦脆，兩個人就在廚房裡邊吃邊聊聊天，那是屬於我和老媽的廚房幸福時光。這道食譜成了我旅居外地時最常做的早餐，簡單快速又美味，每做一次都覺得擁有媽媽陪伴在身邊的幸福。

註：量杯是指市售烘焙用250ml量杯

# 波士頓

麻州對我來說，是想都沒有想過會去的旅遊地點，但因訪旅遊咖好友

青弟之故，卻去了兩個畢生難忘的城鎮，波士頓和鱈魚角！

真正造訪波士頓，發現這是一個充滿歷史文化和人文氣息的城市，完全複製英倫風情的生活輪廓，出乎意料外地令我動心！為感謝朋友收留，行前就開玩笑說要用煮飯來換工度假，所以一到波士頓就要求朋友先帶我熟悉市場採購地點，走了一圈的踩線行程，大概歸納

出三條重要的煮婦辦貨路線：

高級商業地段．敗家煮婦管不住自己路線。

名校學院區．亞洲胃煮婦注意天才就在妳身邊路線。

觀光美食區．吃貨煮婦請空腹前往路線。

## 高級商業地段

# 敗家煮婦管不住自己路線

波士頓是英國早期在美殖民重鎮，悠遠歷史累積的文化及建築，是城市最美的輪廓，波士頓城區也許不算大，但聚居著頂尖的名校學生和科技職人，讓整個城區洋溢一股底蘊豐厚的人文色彩。

朋友原來的生活圈接近波士頓精華地段科普利廣場（Copley Square）和精品潮牌林立紐伯里街（Newbury St.）那一帶，這裡的 Star Market 和美式連鎖 Trader Joe's 是他最常買菜的超市，他知道我很愛家居用品專賣店，於是順便介紹美式家居生活品牌 Crate and Barrel，因此這一區簡直是敗家煮婦管不住自己的路線嘛！

Star Market 是麻州土生土長的超市品牌，也是物美價廉的買菜地點，鮮蝦魚肉和蔬果甚至新鮮香草時常有促銷價，遇到買到就真的很划算。Trader Joe's 在波士頓鬧區的店規模並不大，雖然和 Star Market 一樣都偏重美式食材及品牌，但相較之下，Trader Joe's 感覺是比較走食材專賣店的概念。走逛在這一帶，常管不住自己荷包的煮婦們請特別小心，Newbury St. 沿路的一棟棟美麗古老英式建築底下的潮牌精品店，的確是敗家一條路啊！這條街裡有兩家感覺像百年老店的廚房用具雜貨店，我就是在其中一家食譜書櫃上發現所謂的新英格蘭料理為何，並買下專門收集麻州鱈魚角（Cape Cod）地方料裡書。

這區的 Crate and Barrel 是居住波士頓時最愛逛的家居店，三層樓的大型商店每層都陳列著美好的家居用品，也敗了不少餐桌上的美麗物件，後來回紐約才發現，蘇活區也有這品牌的大型商店，不過兩種城市生活的調性不一樣，商品上也會有些許差異，波士頓風格是明亮典雅，紐約是個性混搭。這區還有非常重要的觀光重要據點如被譽為美國最美最具有歷史氣息的圖書館──波士頓公共圖書館和三一教堂。

Star Market
http://www.starmarket.com

Trader Joe's
http://www.traderjoes.com

Crate and Barrel
http://www.crateandbarrel.com

# 名校學院區

## 亞洲胃煮婦注意！天才就在妳身邊

H mart
http://nj.hmart.com

Harvard Art Museums
http://www.harvardartmuseums.org

至於要撫慰留學生的亞洲胃，就得前去劍橋名校區，位於麻省理工學院及哈佛大學之間的韓國亞洲超市 H mart，才能找到齊全的食材了。

這條絕對是亞洲胃煮婦們買菜還可以培養氣質，或是不小心跌進天才小鮮肉懷裡機率最高的路線，H mart 裡雖然偏重韓國料理食材，但也幾乎顧及日式、中式等亞洲料理所需商品，其中還有台灣食材專區，台灣胃得相思病時來這裡就能緩解！

從哈佛到麻省理工都同在一條地鐵線上，周遭有著許多不錯的咖啡館、餐廳、展館和書店，建築和美術館也是相當有看頭的地方！尤其是哈佛美術館 Harvard Art Museums，空間不算大但卻相當有設計感，是我在波士頓最為驚喜的發現。

## 觀光美食區

# 吃貨煮婦請空腹前往

來到波士頓好像沒去昆西市場（Quincy Market）吃龍蝦漢堡和巧達湯就會顯得很瞎！所以初來乍到的觀光客煮婦也得來去昆西市場先拜拜碼頭。

市場內外充滿各式各樣的美食餐廳，但消費實在昂貴，煮婦這趟志不在吃遍市場美食，所以嘗過經典的龍蝦漢堡和巧達濃湯，就心滿意足了。從地鐵站前往昆西市場的路上，有一家煮婦心頭好的超市 Boston Public market，販售波士頓所屬新英格蘭地區生產的各種好食材，有別於一般連鎖超市的商品選擇，另外，深得我心的原因是超市附設的廚藝教室，每週四都會推出免費廚藝課程，使用超市裡販售的好物作料理，傳遞健康的飲食觀念，另外還有食譜書交換書

架區，放進一本你的食譜書，就可以帶回一本你喜歡的，多麼棒的巧思啊！

吃貨朋友放假時特地帶我去附近北角（North End）義大利區，因為那裡可是美食老店臥虎藏龍的地方，本來想嚐嚐看著名的 Giacomo's Ristorante 義大利餐廳和 Mike's pastry 義式點心，但因為排隊時間真的很難熬而退卻了，後來我們找到一家看起來熟客居多的義式老餐館，選了窗邊有陽光灑進的位置，悠哉悠哉享受用餐時光，每道餐點也讓我們覺得相當物超所值！其實來到這區不怕沒有好吃的餐廳，只有沒排到最有名餐廳的遺憾而已。

Quincy Market
http://www.quincy-market.com

Boston Public market
https://bostonpublicmarket.org

Giacomo's Ristorante
http://giacomosblog-boston.blogspot.tw

Mike's pastry
https://www.mikespastry.com

## 文青聚集地

# 不花錢散步路線

夏天在波士頓廣場和公共花園野餐閒晃加放空，尋找那群可愛的金色小鴨在草地上的裝置藝術，陽光下的它們閃閃動人，孩子們爬上爬下的嘻鬧模樣，看的大人童心都發作了呢！

接著一路散步前往比肯山丘（Beacon Hill）這一帶，穿梭在魚骨形巷弄間，古老歐洲風格的磚造屋舍，窗欄門前小花圃，美好生活的景象比比皆是，讓文青魂盡情獵影各種有感影像。這是我個人覺得最迷人的城市散步路線。

比肯山丘是波士頓讓我最懷念的地方，除了散步其中有拍不完迷人的街景之外，還有我的咖啡館愛店 Tatte Bakery & Cafe 在那裡！咖啡館位在比肯山丘的某個街道轉角處，有個戶外花園，天氣好時大家都喜歡待在戶外區享受陽光照拂的暢快感，店內烘焙的點心及可頌都相當好吃，早午餐也相當受歡迎，印象最深刻的是傳統道地北非料理 Shakshuka，煎鍋盛滿熱呼呼的濃稠番茄、蔬菜、香料、起士熬煮的醬料，裡面有顆半熟蛋，旁邊放著烘烤過的麵包切片，用麵包充份沾裹上醬料及蛋汁，難以形容的口感卻讓人十足驚艷的體驗！我最喜歡的是 Croque Monsieur，店裡招牌好吃的可頌，夾進火腿、生菜、起士及半熟蛋，上面淋著乳酪白醬，可頌的層層酥脆奶油香氣與乳酪醬和蛋汁一起入口，再配上 Stumptown 的無糖拿鐵，讓人好滿足的滋味！

Tatte Bakery& Cafe
http://tattebakery.com

## 探索廚藝教室 Boston Public Market

Boston Public market 給我的感覺就是個推廣好食品的概念超市，超市的空間設計很有風格，每個攤位的店家也都有看頭，加上食材本身特色十足，逛起來就像在逛百貨公司的品牌專櫃。

超市裡的附設廚藝教室是個很大的開放廚房，每月都會有廚藝課程表，週四是免費課程日，會邀請波士頓餐廳的主廚善用超市販售的食材，做一道在家也能輕鬆做的料理，課程中老師也會分享料理的小技巧，結束後還能與老師一用餐，順便請教不懂的步驟，超市也會準備頗富質感的粗麻布購物袋，放進食材優惠訊息、廚藝課程表及本日教學食譜，很用心推展並鼓勵在家健康輕鬆下廚的理念！

# 一起下廚：一鍋搞定的留學生料理

**今日菜單**

**沙拉** 夏日油醋草莓鮮蔬烤雞沙拉

**主菜** 綜合海鮮鐵板麵

## 夏日油醋草莓鮮蔬烤雞沙拉
（Mix Green Salad with Strawberry and Vinaigrette）

- 白巴什米克醋／3 湯匙
- 草莓果醬／2 湯匙
- 海鹽／1/2 茶匙
- 黑胡椒／1/4 茶匙
- 初榨橄欖油／1/4 量杯

- 綜合生菜（或依自己喜好）／適量
- 草莓／1 量杯
- 堅果片／1/4 量杯
- 烤雞手撕片／隨喜

**作法**

① 先完成沙拉醬，取一個調理碗將白巴什米克醋和草莓果醬攪拌均勻，鹽和胡椒調味，加入橄欖油調勻備用。
② 將草莓切成四分，生菜洗淨之後放入大調理盆，手撕烤雞肉片也放進去，最後倒入沙拉醬輕輕拌勻。
③ 盛盤後灑上堅果碎片即可。

夏天太熱沒有食慾也懶得下廚，美國超市大多有販賣現烤好的雞肉，帶回家手撕變成肉片，加上綜合生菜和草莓香氣，再調入微酸果香的油醋醬，超簡單又開胃！

註：量杯是指市售烘焙用250ml量杯

## 綜合海鮮鐵盤麵 ／份量：1人

**鍋具** 6 吋（15cm）鑄鐵平底煎鍋

**材料**

- 筆管麵／2 量杯
- 干貝／3 顆
- 新鮮活蝦／3 隻
- 蛤蜊／3 顆
- 蒜頭／1 顆
- 料理白酒／2 茶匙
- 綜合香料／1 茶匙
- 辣椒香料／1/4 茶匙
- 新鮮巴西里／些許
- 海鹽／隨喜
- 黑胡椒／隨喜

**作法**

① 先處理食材，將蒜頭切瓣、巴西里切碎備用。干貝、蛤蜊、活蝦洗淨備用，蝦子無須去殼。
② 煮一鍋水準備煮筆管麵，記得水開之後在水中加一茶匙鹽巴比較快熟。
③ 鑄鐵煎鍋放入油中火加熱 5 分鐘。
④ 干貝放入鍋中兩面煎熟取出放旁備用。
⑤ 蝦子放入鍋煎熟取出放旁備用。
⑥ 利用鍋子裡充滿海鮮香氣的煎油爆香蒜片、辣椒香料和綜合香料。
⑦ 鍋中加入煮熟的筆管麵，稍微香煎一下麵條呈微微焦香狀，再與香料充分拌勻。
⑧ 放入蛤蜊、料理白酒和些許煮麵水，湯汁滾後開始鹽和胡椒調味。
⑨ 最後放入煎好的干貝和蝦子擺放漂亮，等蛤蜊打開後撒上巴西里細碎即可上菜。

在波士頓很容易買到促銷的新鮮海鮮，干貝和蝦子稍微煎一下就熟，鍋內充滿海鮮香氣的餘油用來鐵板煎麵風味絕佳，調入喜歡的香料嗆入白酒，再把麵翻炒入味，短短幾分鐘就能一鍋香噴噴上菜！

註：量杯是指市售烘焙用250ml量杯

# 4
# 鱈魚角

和朋友逛波士頓的廚具雜貨老店時，迷上了好幾本介紹新英格蘭的料理食譜書，好奇地問朋友為甚麼有這麼多關於新英格蘭的料理，才知道麻州與鄰近幾個州同歸屬新英格蘭地區，早期是英國殖民的重要地區，也因此，料理風格承襲英式傳統。

其中，一本名叫《Cape Cod Chef's Table》最引發我的好奇心，朋友說，鱈魚角（Cape Cod）是麻州人夏季最愛的度假勝地，擁有美麗的海景和燈塔，讓我心生嚮往，後來因緣際會，我一共去了鱈魚角三趟，最遠抵達頂端很熱鬧很美藝術家聚集的小鎮普羅文斯敦（Provincetown），沿路隨意兜風發現好幾處美麗寧靜的海灘，還透過在地人及書本推薦，發現了幾家很棒的小鎮餐廳。

# 鱈魚角必訪店家

# 在地人推薦的銷魂料理

前往鱈魚角前，一直翻閱研究這本書，並上網查詢廚具店老闆娘推薦的愛店相關資料，然後決定第一天要先開車至最北端的普羅文斯敦這個美麗的海邊小鎮，回程波士頓途中去 Beach Comper 或 PB Boulangerie Bistro 用餐，雖然我們最想去海邊的 Beach Comper，據推薦人說可以在海邊走走，再去旁邊的 Beach Comper 大啖海鮮美食、配上沁涼的啤酒和享受現場演唱的輕鬆氣氛，然而，夏季前往鱈魚角海邊都有停車管制，公共及付費停車場都是需要排隊，加上回程時間考量，只好放棄這家人氣海邊美食餐廳，轉而去以烘焙及法式家常料理著名的 PB Boulangerie Bistro。

抵達店家時，發現前院有個戶外花園，裡面有爐火及休憩座位區，營造出一種鄉村風情的溫馨感，當我們吃到用小銅鍋烘烤出爐的牧羊人鹹派時，驚為天人！雖說正宗的牧羊人鹹派屬於英國料理，但主廚卻把薯泥綿密香醇的口感，發揮到極致，品嘗薯泥和燉菜燉肉融合的滋味，實在很銷魂啊！

後來另一位朋友來訪，我們不死心立志一定要吃到 Beach Comber，便在夏天結束前，海岸停車管制解除的時候，拜訪 Beach Comber。我們很幸運地在抵達後排隊一會兒，就可以入內用餐，他們家清蒸蚌類沾著奶油醬及酥炸綜合海鮮相當值得推薦，而每份餐點分量十足，也讓我們有著大快朵頤的滿足感，吃完 Beach Comper 後，因為難忘 PB Boulangerie Bistro 的牧羊人鹹派，於是回程波士頓時又帶朋友去品嘗這美好滋味，回到台灣回憶旅行中體驗的美食，這道總是最想念的料理！

PB Boulangerie Bistro
http://pbboulangeriebistro.com

Beach Comber
http://www.thebeachcomber.com

WELCOME
PB BOULANGERIE BISTRO
TO OUR COMMUNITY 2010
Coca-Cola
ESPRESSO

PB
BOULANGERIE
Bistro
EST. 2009
WELLFLEET
DISCOVERY MENU
WELLFLEET
P.B BISTRO $29
ONLY AT 5.00PM . 5.30PM
APP. 6 RAW OYSTERS
ENTREE CURRY CLAMS
DESSERT CREME BRULEE
ALL SUMMER

# 普羅文斯敦

## 海邊小鎮尋寶趣

鱈魚角最北端的普羅文斯敦（Provincetown），是著名也是熱鬧的海邊小鎮，更是夏季的度假勝地，在這個小鎮中，有著高密度的餐廳、個性商店、藝廊，也聚居了很多藝術家，很多地方都插著彩虹旗幟，宣告這是同性相愛自由的地方。

走逛小鎮，發現兩個很棒的地方，一個是充滿海洋氣息的生活家居專賣店 Shor Home，海洋元素的創作品、傢俱、家飾品、餐桌上的器具等等，營造一種獨特的濱海生活風格，老闆也是室內設計師，提供空間規劃及生活陳列的美感服務項目，店內好多讓我驚艷的配色混搭巧思，可惜沒有雄厚財力可以叫貨櫃來把整個店家搬回台灣，最後只買了海洋風格的餐墊系列，將來在鱈魚角主題餐桌聚會時，可以佈置重現海邊小鎮的普羅文斯敦風情！從小鎮前往海濱的途中，我被一家影像藝廊 Tom Johnson Photo Gallery 勾魂吸引過去了，他拍攝了無數鱈魚角四季變化的各種海景，其中很多畫面的構圖張力讓我愛不釋手，幾番掙扎後選了幾張很愛的影像氛圍的明信片才離開。

散步到海邊，你會感受到普羅文斯敦生活的悠閒，這裡沒有太多海邊遊樂設施，大家都很享受無所事事的散步沙灘、安靜坐在海潮邊看著書，讓沁涼海潮撫觸雙腳的愉悅，親子在海中戲水玩鬧、情侶在海邊曬著日光浴，碧海藍天固然讓人覺得心曠神怡，但點綴在海天之間享受度假放鬆的人們身影，卻是感染悠閒、徹底放鬆的要角！

Shor Home
http://shor-home.shoplightspeed.com

Tom Johnson Photo Gallery
http://www.tomjohnsonphoto.com/index.htm

# 一起下廚：鱈魚角蛤蜊巧達湯

**鍋具** 24cm 琺瑯鑄鐵燉鍋

**材料**

- 無鹽奶油／1/3 量杯
- 洋蔥／1 個
- 西洋芹／2 支
- 馬鈴薯／2 個
- 蛤蜊／2～3 量杯
- 麵粉／1/2 量杯
- 蛤蜊高湯（雞高湯或海鮮高湯）／4 量杯
- 低脂鮮奶油／1 量杯
- 海鹽／隨喜
- 黑胡椒／隨喜
- 百里香細碎／1 湯匙

**作法**

① 將洋蔥、西洋芹及馬鈴薯都切成丁，馬鈴薯切丁之後煨煮較容易軟嫩融化。
② 在鑄鐵鍋中放入奶油，以小火熱融後，放入洋蔥丁和西洋芹丁一起炒軟。
③ 分次放入麵粉拌炒均勻並裹上食材。
④ 倒入高湯後，繼續攪拌讓麵粉食材均勻不要黏至鍋底。
⑤ 煮滾後倒入鮮奶油、馬鈴薯和百里香細碎持續煨煮，並時常翻攪鍋底防止燒焦。
⑥ 馬鈴薯融化後，鍋內的湯變濃稠加入海鹽及黑胡椒調味。
⑦ 最後加入蛤蜊繼續煨煮，待蛤蜊開殼後即可享用。

煮婦食記

看著食譜書煨煮這道充滿療癒感的濃濃巧達湯，手邊還有點干貝順手切丁丟進湯裡一起熬煮更添鮮味，等待的同時把法國長棍麵包切片放進烤箱烤微微香脆，熱呼呼的湯上桌後用香脆的麵包沾著湯汁享用，冷冷的雨天這是最棒最美味的撫慰！

註：量杯是指市售烘焙用250ml量杯

# 古巴
# CUBA

# 搖醒身體裡的騷莎魂

*05* 哈瓦那

*06* 維納勒斯

05

# 哈瓦那

漫長的轉機跟等行李過程，我們終於出關抵達哈瓦那機場，興奮擁抱來接機的膽大奇女子「吳女士」，陰錯陽差的假期讓她一個人先勇闖哈瓦那，兩天就混熟還派拉風的老爺車來接我們，就這樣我們的古巴之旅可是華麗登場呢！

後來和包車導遊Ernesto聊天才知道，大多數古巴人即使生活貧乏，但家人和朋友們之間總是互相支援分享一切，即使物質擁有不多卻願意付出更多對彼此的關愛，這是哈瓦那幫我上的第一堂課：「越是物質貧乏的地方越讓人看見心有愛的豐富」。

# 哈瓦那街頭
## 充滿生命力的精彩瞬間

行前在台灣幾乎很難找到關於古巴的旅遊書，也因為知道古巴甚至是首都哈瓦那都是上網非常困難的地方，所以在美國時只好先用網路搜集哈瓦那 20 個必去的景點地址備用。

其實隨著旅行的經驗越多，也越來越瞭解自己的旅行偏好，已經很少再攜帶旅遊書出門了，我喜愛走巷弄拍照感受當地人的生活，熱門景點除非特別吸引我才會湊熱鬧去參觀。而這趟來古巴的目的很清楚，就是想趁古巴徹底開放前，趕緊來記錄卡斯楚執政下原始的哈瓦那街頭，這將是古巴變身前歷史性的時刻！此外，我想沈醉在魂牽夢縈的哈瓦那街頭、舞池及爵士酒吧的古巴音樂裡，置身在古巴人盡情性感熱舞的舞蹈中，感受不自由國度裡最極致的靈魂解放──夏日的哈瓦那。

炙熱豔陽下，熱浪來襲，在這到處都沒冷氣的城市裡，大家就算都穿得清涼，汗水還是會全面攻佔身體的每寸肌膚，我不知道有多久沒有流汗當洗臉，汗流浹背到擔心自己會汗臭的感受了！但說也奇妙，我們卻也沒有犯在台灣夏天時不時就中暑的症頭，大概室內室外一樣熱，身體不用承受冷熱差，反而大量流汗排毒通體舒暢呢！

哈瓦那沒有地鐵和方便的公共交通，往來城市不易，加上沒有網路即時查資訊，自助旅行難度算高，幸好吳女士找

到英文導遊包車的服務，除了 20 個景點都去了之外，還帶我們了解當地人熟門熟路才知道的特色行程，走過這麼多景點跟私房導覽行程，我卻還是只愛舊城區！因為那就是我心目中的哈瓦那。

吳女士回台灣後，我們也結束包車導覽的好日子，幸運的是我們的新住處附近有公車前往舊城區，每天得搭乘不同路線往返，公車上沒有冷氣，擠滿了大汗淋漓的古巴人還有我們兩個台灣人，雖然身體緊挨著跌晃很難受，但心卻莫名其妙地快活，我喜歡在異地融入當地人生活的感覺。

這一天，來到古巴的國營市場購物一條街，逛了傳統市場買了些水果，也許少有外國人來到這條街市，當地人熱情地招呼彼此過來讓我們拍照，雖然酷熱難耐的陽光與氣溫，讓我們即使不動都汗如雨下了，更別說在高溫下行走街頭，但面對哈瓦那市井小民的生活場景，我已顧不得平常臉上小心呵護的曬斑，以及充斥著汗臭味的身體，只管貪婪地在街頭獵影每個有感瞬間！

幾天下來，走逛哈瓦那不知名的街道，到處可見曾經華麗建築卻已成廢墟的景象，以及古巴國民英雄切·格瓦拉（編注：切·格瓦拉，西班牙語：Che Guevara，1928 年 6 月 14 日～ 1967 年 10 月 9 日，暱稱切 El Che 或 Che）的帥酷肖像噴畫，共產革命後奢靡風華不在，取而代之不是均富卻是均貧的年代，在現今網路無國界的世界裡，沒有網路的古巴人就像生活在孤島裡般遺世獨立，看在異國人眼裡也許覺得滄桑落後，但一旦音樂響起，無論在哪個角落，就可以看到古巴人盡情尬舞的享樂模樣，在那時刻，他們心中的世界才是我們很難抵達的自由樂土！

我狂熱記錄了無數的老爺車、建築、哈瓦那街景，與穿著艷色調服裝的居民、在爵士酒吧的表演、國民帥哥「切」的街頭寫真，以及偷拍街頭藝人被抓包只好付費，之後盡情拍攝他抽雪茄痞樣的精彩影像，但最後那珍貴滿滿古巴影像記憶卡卻遺失在墨西哥城市中，僅剩相機裡與手機的照片，雖然超級揪心難過，但這就是人生！寧願相信這是哈瓦那對我未完待續的呼喚與安排……。

LA BODEGUITA DEL MEDIO

P102944

PLA
NE
TA
RIO
DE LUIS
GARCIGA

## 酒吧與音樂廳

# 喚醒沈睡中的騷莎魂

古巴包車導遊 Ernesto 帶我們去海明威最愛去喝一杯莫希多（Mojito）的知名酒吧，其中，令我上癮的是「La Bodeguita del Medio」，一樓是超人氣的站立酒吧，Ernesto 卻帶我們去別有洞天的二樓，這裡的 Mojito 調酒很好喝，每場現場演奏音樂也十分迷人，站在吧台看著調酒師調製 Mojito，忍不住偷偷學了起來，萊姆酒的後勁可不能輕忽，加檸檬薄荷的爽口會一不小心就乾盡，人開始微醺時，再來熱情音樂的勾引，不由自主地開始隨著音樂搖擺，我那俏臀裡藏著的騷莎魂也似乎找到故鄉般甦醒了，抗拒不了節奏也想跟著搖擺，但畢竟幾百年沒回故鄉感覺很生疏，古巴導遊說，如果不介意手放在腰上可以帶我跟一段節奏，不知哪來的膽，跟著跟著也就解放了連土風舞都不會跳的身體了，雖然台灣製造的身體並不能像外國人那樣自然而然地放開，但我知道身體及心靈中有一種熱情奔放的節奏不斷地被喚醒！

那天晚上，Ernesto 也帶我們去最多知名古巴樂手表演的豪景爵士音樂廳「Buena Vista Social Club」，當我看到牆上懸掛著伊布拉印飛列（Ibrahim Ferrer）肖像時內心超感動，衷心感謝 Ernesto 帶我來到偶像曾經存在的地方！

Ernesto 也推薦喜愛的古巴歌手給我，「The color of voice ！」他這樣形容古巴歌手 Bola de Nieve，雖然偶像已辭世，但都曾經都在豪景爵士音樂廳（Buena Vista Social Club）用音樂感動無數人，就深深覺得能站在這裡懷想他們真是一件幸運的事。

生活在哈瓦那多天後發現，街頭、餐廳、酒吧很容易遇到現場演奏表演的樂團和歌手，身邊也隨時有人就會隨之起舞，那種自在奔放的感覺真好！我永遠記得這一幕：一位爸爸懷裡抱著不到周歲的女兒，牽著小手把她當舞伴跟著音樂搖擺的模樣，讓我內心滿滿幸福的感受！

旅行這麼多城市，從未曾像生活在哈瓦那時，常會有種「燃燒吧靈魂」——讓生命享受最純粹熱情的念頭，無怪乎去了古巴之後，朋友得了嚴重的古巴熱，不到一年時間就得回去治療三次呢！

La Bodeguita del Medio
C. Empedrado entre Cuba y San Ignacio, La Habana Vieja, Cuba

Buena Vista Social Club
Zulueta 660 Apodaca y Gloria, La Habana, Cuba

Café El Escorial
Mercaderes No 317 esquina a Muralla, Plaza Vieja, La Habana,Cuba

Havana Club
http://havana-club.com

## 用味蕾記憶古巴
## 咖啡＋萊姆酒

行前查古巴關於料理美食的資料，就下定決心不帶煮婦魂去了！因為古巴是共產主義國家，所以絕對不會在生活美食上放縱人民享受，街頭小吃不多，就算遇見，恐怕也沒有勇氣嘗試，而古巴重要的物產就是咖啡、蔗糖、萊姆酒和雪茄，而其中，我最有興趣、印象最深刻的就是咖啡和萊姆酒了。

說也奇怪，在美國旅行時，我還是個純正的拿鐵愛好者，來到古巴之後，反而就愛上純粹黑咖啡了！第一杯讓我驚艷的古巴咖啡，是前往維納勒斯路上休息的一個庭院咖啡館，雖然照慣例我點的是拿鐵，但送上桌時卻是咖啡與鮮奶分杯，導遊勸我先單純喝一口黑咖啡，醇香不苦不酸又潤口好喝，加了鮮奶反而就失去它原來的醇香，果然這讓我對古巴的咖啡有著出乎意料的喜愛！

回到哈瓦那舊廣場，導遊結束導覽之前，帶我們去一家咖啡館稍事休息，我好奇地看著他一瓢又一瓢地往黑咖啡裡加糖，他笑說：古巴人喝咖啡很嗜糖啊！我要了一口嘗嘗，不知是不是古巴的咖啡跟蔗糖本來就是天生好兄弟，所以喝起來反而好喝順口。後來，古巴好友推薦我一家位於舊廣場邊上相當棒的新鮮咖啡烘豆咖啡館 Café El Escorial，每天都有不少當地人及觀光客去排隊買現烘出爐的古巴咖啡豆或研磨咖啡粉，現烘現磨的香氣太誘人，忍不住排隊一個多小時帶回幾包研磨咖啡粉回台灣，送到朋友店裡用高壓機器沖泡出來，純粹香醇溫潤的黑咖啡讓大家都非常驚艷！或許，古巴咖啡不適合任何花俏喝法，喝原味就對了，也或者，加點蔗糖才是屬於古巴咖啡的天作之合。

除了咖啡，在哈瓦那我最有感的就是 Mojito 了，它就是喚起哈瓦那記憶的重要關鍵字！說到 Mojito，就得先來瞭解它的基底酒是萊姆酒，萊姆酒是用古巴揚名世界用甘蔗純釀而成，釀酒在古巴是壟斷的國營事業，所以只有一種品牌「Havana Club」，每個酒吧的酒杯上面也都印著 Havana Club，到處都可以看見，它的 logo 紀念品，沒辦法解釋為甚麼只用砂糖、萊姆酒、搗碎的檸檬薄荷加上汽水調製而成的 Mojito，會讓我上癮，只能說這種組合剛好是姐愛喝的一種致命吸引力！

Havana
Club

Café el Escorial

**今日菜單**

**主菜** 古巴三明治　　**飲品** 莫希多調酒

## 古巴三明治（Traditional Cubano Sandwiches）／份量：4人

**材料**

- 新鮮檸檬原汁／1/4 量杯
- 新鮮柳橙原汁／1/2 量杯
- 蒜頭／1 顆
- 孜然粉／1 湯匙
- 橄欖油／1 湯匙
- 乾奧勒岡葉／1 茶匙
- 海鹽／2 茶匙
- 黑胡椒粉／1 茶匙
- 豬里肌肉／450g
- 軟法麵包／2 條
- 黃芥末醬／2 湯匙
- 瑞士起司片（或個人喜歡的起司）／8 片
- 火腿片／8 片
- 醃瓜／2 條
- 無鹽奶油／些許

**作法**

① 先將蒜頭及乾奧勒岡葉切成碎末備用。
② 取一個調理盆，放入蒜碎末、奧勒岡葉碎末、兩種鮮果汁和其他調味料拌勻變成古巴風味的醃肉醬料。
③ 淺烤盤中放入豬里肌肉片，再放入醃肉醬料均勻裹上並放入冰箱冷藏2小時。
④ 鑄鐵煎鍋加油後熱鍋，放入醃過並瀝掉醬汁的里肌肉片，將兩面香煎至微焦。
⑤ 將整個煎鍋連同肉片放至烤箱用70度，烤10分鐘。
⑥ 出爐後放旁邊等待約10分鐘再切片備用。
⑦ 將軟法麵包剖開，並切成4段，每一段在兩邊抹上黃芥末醬。
⑧ 麵包上一層層接續鋪上起司片、火腿片、烤豬肉切片和醃黃瓜切片。
⑨ 兩片麵包夾起來後，雙邊刷上常溫融化後的奶油。
⑩ 取一個橫紋煎鍋，用中火熱鍋後，將麵包放上煎鍋，兩面各煎烤五分鐘即可。
⑪ 可用重物稍微壓住麵包讓煎鍋橫紋烙上表層，麵包內的起司融化後即可起鍋。

## 莫希多調酒（Mojito）／份量：1人

**材料**

- 新鮮檸檬汁／2 湯匙
- 雪碧／2 湯匙
- 細白砂糖／2 茶匙
- 碎冰／1 量杯
- 白萊姆酒／1/4 量杯
- 新鮮薄荷葉／12 片

**作法**

① 取一只深口玻璃杯，倒入檸檬汁和白細砂糖，攪拌至糖完全溶解。
② 將薄荷葉稍微搓揉一下，並放入杯中，讓它散發香氣之後，接續倒入萊姆酒輕攪幾秒。
③ 倒入碎冰和雪碧再輕攪幾秒鐘。
④ 將薄荷葉插入杯中即可完成。

**煮婦食記**

在紐約廚藝教室學這道料理時，濃郁香氣的古巴風味烤肉，還夾起司、火腿和醃瓜，最後熱壓麵包時，遇熱融化的爆漿起司和黃芥末把食材交融的味覺層次真的好豐富呀！但真實在古巴旅行吃過古巴三明治後，覺得這個美國版的傳統古巴三明治好吃很多！

註：量杯是指市售烘焙用250ml量杯

# 06 維納勒斯

維納勒斯（Vinales）是一個距離哈瓦那約莫開車三個小時車程可以抵達的

鄉鎮，山谷地勢及風土條件，是古巴最佳生產雪茄的地方，

豐富的自然風貌與純樸的鄉村人文，

有著與哈瓦那截然不同的城市魅力。

在旅行時間有限的情況下，選擇旅遊這兩個城市就值回票價了！

起初選擇維納勒斯這個雪茄故鄉，就是為了參觀種植雪茄的原始田園樣貌和拍

攝捲菸跟叼菸樂趣而去的，在搜尋資料時，

發現網路上維納勒斯山谷照風景奇美，

幸好選擇英文導遊包車走行程，一天之內往返兩個城市，

還可以扎扎實實地體驗維納勒斯所有精彩重點！

但如果可以再去一次，我很想住在這個純樸鄉村三天兩夜，

在不趕時間的狀態下，拍攝山谷雪茄園晨間漫煙的柔美和

藍天烈日的壯麗，還有菸農工作的各種神態，

最好還能享受慢慢策馬悠遊山谷的樂趣。

# 雪茄的故鄉
# 曬菸草、捲雪茄

來到維納勒斯的第一站，就是先去參觀雪茄園，雖然看起來很像家鄉花蓮一片種植作物的田園，只是作物換成了高單價的雪茄！但有趣的地方是在捲雪茄的草棚。

菸農從篩選適當曬過的菸草片開始向我們解說，這時多虧英文很好的古巴導遊 Ernesto 同步翻譯，要不然菸農的西班牙文我們怎麼聽得懂，雖然汗如雨下，但大家還是認真專注地拍攝整個過程，但最有 fu 的還是各自叼雪茄的模樣，不管戴帽子、戴墨鏡，這些全都是配角，雪茄才是主角，本人雖然不抽菸，但點上雪茄那種帥氣十足的叼菸女郎樣，只能說：戲魂自動發作的很厲害呀！

## 策馬山谷間享受奔放情感

### 超驚恐馬場行

驚恐！這是抵達馬場時，知道自己即將駕馬幾小時，沒人會牽妳的第一反應！

教練幫助我們上馬之後，教了幾個拉繮繩代表駕馬的指令，就趕著三頭馬及惶恐的三個人上路了。沿途教練在後面不是「吁～吁～」地喊，就是說著只有馬才聽得懂的西文，沒自己騎過馬的我們，則是心驚驚屁股夾緊緊地越過一重又一重的田埂和小溪，時不時還得忍受馬兒不乖想亂跑，或是不專心想吃草，最可怕的是調皮玩擦撞馬屁股，驚嚇指數破不知道幾百了！

沿途，我和朋友此起彼落地喊著「baby slowly slowly……oh baby easy easy……」，都沒想過馬兒哪聽得懂不知所云的鬼英文啊！半小時的騎馬過程，彷彿就像騎了一世紀般漫長，我們很想回頭不玩了，但慘的是西文要怎麼說？終於抵達休息站，教練讓我們下馬了，有種劫後重生的強烈感受！那時好想說：「媽呀～我怎麼這麼勇敢！」而且覺得自己重生換膽再也沒啥好怕了。

下馬後接待我們的是一位笑容露白齒、很古錐的高壯古巴黑人，用英文自我介紹他叫哈維，將會為我們解說農場產物，因為他個性可愛講話很逗趣，我們也和他有說有笑，但當他示範用木杵搗石臼的咖啡豆時，彷彿是在擺臀跳舞，我實在很欣賞他搗咖啡豆的節奏舞姿，不知哪來的野膽居然開口請他教我跳搗豆舞，他也很大方地帶著我跳；後來泡咖啡給我們喝，順道介紹蜂蜜跟維納勒斯產酒時，我很認真地看著他解說，哈維突然又靦腆笑著對我說：「hey~Lady…be careful your behavior……it's very danger ！」我好笑又無辜望著他問：「Why ？」後來他說如果我再這樣專心看著他，不是他要跟我走就是我要留下來了，我們一桌哄然大笑，朋友說完蛋了妳！又叫他教妳搗咖啡搖屁股，又這樣認真看人家，是要這位古巴熱血男兒怎辦好？！

原來劫後重生之後，不只換膽，還開啟了渾然天成的調情天賦啊！回程送我們上馬後，哈維用很逗趣的模樣對我說：「Stay with me」， 我竟然對他說：「Come with me」，天啊！差點不小心就會在古巴兒女成群了我……。

其實，哈維在搗咖啡豆時的搖擺節奏感，堪稱是一種自在曼妙的咖啡之舞，當下其實沒有半點邪念，只是純粹欣賞身體節奏感的美好！我想是古巴人熱情天線太發達，一不小心的眼神交流，就直接產出核能發電級的強大電力了，但也正因如此，山谷裡的可愛哈維也為我生命旅途中留下了有趣的篇章。

# 墨西哥
# MEXICO

# 散發強烈生命熱力的國度

# 07 坎昆

坎昆本來只是從美國飛古巴的轉機點，但朋友說那裡是個加勒比海

著名的濱海度假勝地，我心想，才從古巴結束一趟疲累的旅程，

回程時應該順便來一趟坎昆All Inclusive的度假，

發呆看海看到飽放鬆身心，

從餐廳酒吧到客房服務美食吃到爽的享受才值回票價啊！

於是我們就認真執行了超級享樂的坎昆海邊養小豬計劃，

坎昆除了擁有絕美的加勒比海岸線，得天獨厚的氣候狀況，

全年溫度大約落在26至36度，從古巴結束熱浪苦行僧行程，

來到這裡度假簡直是得道升天的天堂！

## 加勒比海海岸線
## 碧海藍天讓人愛到不行的曲線

坎昆位於墨西哥東南端，沿著加勒比海海岸線，是各大度假飯店爭妍比美的伸展台，比設計、比海景、比服務，光看圖片就會讓人有選擇困難，但預算最終決定一切，我們選了離精華區有一點距離、重新整修過、設計感十足、全包式度假，以及 CP 值評比還算不錯的小型精品度假旅館。

整個度假村的海岸線屬於坎昆城中較僻靜的地段，少了密密麻麻的人群，讓人不由自主靜下心來好好欣賞加勒比海悠美的曲線。從機場到旅館的接駁車會沿途接送客人，遊客也可以一邊欣賞每家度假旅館各有千秋的設計理念，不論下榻哪一家旅館，只要可以與蔚藍溫暖的加勒比海相伴生活，都很迷人！

## 全包式度假村
## 用墨西哥美食寵愛自己的好地方

從預訂了 Beloved Hotel 的 All Inclusive 的行程後，內心就一直期待來到加勒比海放輕鬆，可以 24 小時被美食美酒寵愛的坎昆度假時光，度假村的所有餐廳、酒吧和濱海吧檯隨你吃喝，懶得出房門只想看海發呆，客房 mini 吧每天補滿零食飲料還有 Room Service 各種美食任你點餐，我們每天換不同的餐廳，嘗試各種型態的墨西哥美食，無論是傳統烹調手法或無國界融和料理，都有不同的美好風味。

這其中，我最愛各種墨西哥椒類的美食，難忘在濱海草屋餐廳吃到的綠椒鑲肉燉飯，微辣綠椒包裹著各種墨西哥香料燒烤過的肉捲，各種天然香料在口中引爆的滋味，讓人沒齒難忘啊～可惜到了坎昆的第二天晚餐之後，開始出現腸胃問題，完全無法再享受任何美食，剩下的兩天只能呼喚 Room Service 送來白吐司，飯店知道我腸胃不舒服，貼心準備清爽蔬菜湯，雖然飯店的墨西哥料理極佳，但回憶起來仍讓我心暖暖胃暖暖的，卻是那碗風味獨特、在異鄉生病但被寵愛到心坎裡的療癒暖湯！

Beloved Hotels
http://www.belovedhotels.com

# 一起下廚：墨西哥風味牛骨蔬菜燉湯

材料

- 牛骨／1 根
- 西洋芹／2 根
- 月桂葉／3 片

食材

- 玉米／2 條
- 節瓜／2 條
- 西洋芹／2 根
- 紅蘿蔔／2 條
- 洋蔥／1 顆
- 香菜／一束
- 鹽／隨喜
- 胡椒粉／隨喜

作法

**牛骨高湯**

① 牛骨先用滾水川燙去血水後，瀝水備用。
②取一只深琺瑯鑄鐵燉鍋放入牛骨、西洋芹和月桂葉等材料，加水淹過牛骨熬煮 30 分鐘。
③ 將所有食材和殘渣濾掉留下乾淨的高湯。

**墨西哥風味牛骨蔬菜燉湯**

① 將玉米切段、西洋芹切成小段、洋蔥切片，節瓜與紅蘿蔔削皮後切成段備用。
② 香菜去葉後留根部，並留一些香菜葉裝飾。
③ 牛骨高湯放入燉湯鍋，再接續放入所有蔬菜，大火煮滾後轉中小火，放入香菜根部加蓋繼續煨煮。
④ 等到所有蔬菜熟透後，撈起香菜根，加鹽和胡椒粉視個人口味調味。
⑤ 放入香菜葉加蓋悶一下即可起鍋。

原來普遍流傳的墨西哥牛肉蔬菜湯的食譜是用牛腩肉一起燉煮，當時腸胃不舒服，飯店為我準備的是清湯，所以我猜應該是牛骨高湯去燉這道清爽版，這幾樣蔬菜燉煮起來很清甜，香菜的香氣和開胃的胡椒，讓原本不舒服的腸胃得到紓解，至今仍讓我懷念不已。

# 08 墨西哥城

墨西哥城應該是我目前有所旅行經驗裡，最美妙的意外旅程，

原本只是轉機之便，到了墨西哥後，

特別去朝聖女畫家芙烈達藍屋，一路下來，

被這裡充滿強烈生命力的文化驚艷而出乎意料迷戀上這個城市！

更棒的是這裡Uber相當發達且便宜，

輕鬆省時地帶著我們穿梭城市。

印象最深刻的是前往聖安琪藝術市集的Uber，

司機大哥沿途教我西班牙文，本區域的建築顏色在陽光下十分迷人，

不禁遺憾如果當下有體力一定會下車徒步走拍。

而這一切可惜的念頭和意外的驚艷，也讓我在心中種下再回來墨西哥的夢想！

# 藝術宮 探索城區絕佳的起點

毫無計劃的墨西哥城之旅，幸虧朋友找到了很棒的「Estacion Mexico」英語徒步導覽解說的 Free Tour，讓我們跟著當地導覽人員，走逛城區中重要景點的特色，也得知很多在地生活資訊，雖然報名導覽行程免費，但結束時每個人都要依據對解說人員的滿意度隨喜給予小費，也正因如此，導覽人員都會竭盡熱情解說。

我們的第一場「Free Walking Tour Historic Downtown」，從歷史城區的大教堂開始，透過解說才發現教堂建築上有骷髏頭，而骷髏頭在墨西哥隨處可見，是文化重要元素之一，因為墨西哥人對死亡態度相當豁達，覺得這不過是一種生命周期，所愛之人的亡靈都將會在每年亡靈節中復活團聚，所以每年 11 月 1 號的亡靈節，人們會化身成各種造型的骷髏頭，舉辦盛大歡樂的慶典，

Estacion Mexico · Free Tour
http://www.estacionmexico.com.mx
http://www.freetour.com/company/31

Palacio de Bellas Artes
http://museopalaciodebellasartes.gob.mx

Pasteleria Ideal
http://pasteleriaideal.com.mx

迎接亡靈回到人間團圓！透過解說，自此我對墨西哥骷髏頭藝術不再畏懼，甚至對死亡有了不一樣的想法。

行程來到藝術宮 Palacio de Bellas Artes，是我最喜愛的路段，周圍有金光閃閃的郵局、藍色拼花磚的美麗建築、華人街、墨西哥小吃街、當地人最愛的麵包糕點百貨公司 Pasteleria Ideal 等等，美術宮與阿拉美達中央公園之間，環繞著許多重要的美術館和博物館，我們幾乎天天搭乘 Uber 到藝術宮，以此為起點探索周圍墨西哥城的精華，也因為解說人員的推薦，在藝術宮表演廳欣賞一場以墨西哥傳統音樂為背景的芭蕾舞表演「Ballet Folklorico de Mexico」，藝術宮從此是我腦海中墨西哥城之旅最佳代表地標了！

## 科約阿坎 擁有最美的建築顏色

為了尋找芙烈達藍屋，我們參加了「Free Walking Tour Coyoacan」導覽行程，導覽員首先帶我們走進墨西哥城最古老的 Coyoacan 科約阿坎城區，這個遠離墨西哥城中心自成一格的聚落，歷經西班牙貴族興建高級住宅區、教堂、廣場，加上藝術家及革命份子注入一股強烈的墨西哥新潮流意識文化的影響，讓整個街區有種與眾不同的生活氣息！

一走進 Coyoacan，首先映入眼簾的是有著西班牙建築風格的豪門大院，經過一座非常醒目的紅褐色聖安東尼奧教堂時，解說員和我們說起一個墨西哥女孩終結單身的有趣習俗。

Casa del León Rojo

在墨西哥流傳，女孩如果想找到另一半，就會去找聖安東尼奧幫忙，她們把聖安東尼奧的雕像帶回家後，頭朝下懸掛起來，據說很快就會終結單身。聽完，我們一行人就玩笑起鬨要求解說員快先帶我們去找聖安東尼奧雕像。越走進城區，色彩鮮豔無比、特色十足的各種建築映入眼簾，我們參觀了一座曾是大將軍的豪邸，現今修築成為墨西哥保存影音藝術重要的博物館「Fonoteca Nacional, Mexico」，途中還經過一面壁畫牆，從描繪著生老病死的豔色壁畫裡，不難體會墨西哥人對生命不同階段的豁達態度，走進城中心的主廣場公園，解說員笑說這裡是著名的告白公園，如果男女相約至此，就是男孩準備告白了，多好的地點！為曖昧未定的愛情解套。

穿越主廣場經過傳統大市場，有一家當地人都很喜歡的老牌咖啡館「Cafe el Jarocho Coyoacan」，我們入境隨俗買了杯咖啡，坐在門前椅上聽著街頭藝人演奏，咖啡有種獨特個性的口感，沒有失望但也沒有特別驚艷。到了芙烈達藍屋，也就到了導覽行程的終點站，一路上解說豐富有趣，即使行程結束在藍屋卻讓我們趕不上入內參觀的開放時間，但仍然覺得慶幸跟著導覽員深入認識了這個獨特城區，蒐集許多墨西哥城裡最美艷顏色的建築。

Fonoteca Nacional, Mexico
http://www.fonotecanacional.gob.mx

Cafe el Jarocho ,Coyoacan
http://www.cafeeljarocho.com.mx/

# 探訪女畫家的家
## 藍屋朝聖之旅

第一次見到芙烈達（Frida Kahlo），就被她兩道交集在一起的濃眉、鮮艷頭飾和大膽配色的自畫像給強烈吸引了！後來看一部關於她的電影《揮灑烈愛》（英文片名：Frida），又更加深愛上這位敢愛敢做的女畫家，她把失去雙腿的生命戲劇轉折，和與一生摯愛迪雅哥（Diego Rivera）情愛糾葛的心境，全然不保留地透過畫筆揮灑在畫布上，那些大膽的顏色藏著炙烈的情感，那些詭譎的構圖不畏一切表達思想。我覺得生命奪去她的雙腿是要讓她發現自己其實擁有可以自由飛馳想像力的翅膀，命運派迪雅哥成為她情路上的魔鬼，其實卻是激發創作的繆思。我喜歡看芙列達的作品，有些構圖會引起內心些許的不舒服和痛楚，但那麼赤裸無畏、真實表達自己生命觀感作品，又能有誰像芙烈達這般真

誠！看完電影後，芙烈達與藍屋成為我去墨西哥旅行唯一的目的。

來到墨西哥前，我始終覺得迪雅哥是個混蛋男人，但走過芙烈達藍屋、迪雅哥與芙烈達生活的工作室、迪雅哥的美術館和墨西哥各大美術館，欣賞過他們兩人的創作之後，站在藝術的角度，我不得不讚賞迪雅哥壁畫的磅礴之美和創作迷人的地方，除了收藏芙列達自畫像，不禁也收藏許多迪雅哥充滿色彩溫度的美麗畫作。

讓我印象最深刻的正是藍屋，喜歡他倆每天一起享用早餐的廚房，太陽金黃色調搭配各種豔色花磚和飾品，早晨享用完熱巧克力，開始他們的一天，迪雅哥愛吃前妻做的菜，芙烈達就為了心愛的男人跟前妻努力學做菜，我駐足在藍屋的廚房時間最久，想像芙烈達放下強烈的畫筆，拿起鍋鏟的那一刻溫柔，相信那時她內心是充滿對一個人溫暖幸福的愛。

Museo Frida Kahlo
http://www.museofridakahlo.org.mx

Museo Estudio Diego Rivera y Frida Kahlo
http://www.estudiodiegorivera.bellasartes.gob.mx

Museo Mural Diego Rivera
https://www.facebook.com/museomural.diegorivera/

Fco Sosa
173

# 尋找墨西哥的繽紛色彩 聖安琪假日藝術市集

墨西哥 Airbnb 的房東知道我很喜歡他家的佈置風格和物件，特別推薦我一定要去只有周六才有的聖安琪假日藝術市集「San Angel and Saturday Bazaar」。

聖安琪區距離市中心有一大段距離，就算搭 Uber 前去耗時也耗錢，但真的很想看墨西哥的生活藝術品，所以周六一早還是花了台幣將近 400 元搭 Uber 趕去了。

到了聖安琪藝術市集，一下車就被眼前兩個公園大的藝術市集，還有周邊的個性小店景象給迷住了，色彩大膽奔放的畫作、豔色調的傳統服飾及生活家飾品點綴精緻的繡花裝飾、立體彩繪杯盤生活器皿、墨西哥風情的飾品和手工藝品……，當下真想直接兩手空空遷居墨西哥，要不然就是叫貨櫃搬東西回台灣了！在這裡我添購許多墨西哥傳統的繡花家飾品和美麗色調的手工彩繪咖啡杯盤，在個性設計商店則忍不住敗了大膽配色的飾品及圍裙，走逛了四個小時不但逛不完，也捨不得停下腳步，直到身體受不了才找一家咖啡館，休息片刻後，繼續趕往下一個行程。

# 北羅馬區

## 瀰漫現代藝術風格

這次在墨西哥城的旅行，選擇住在靠近北羅馬區的 Airbnb，雖然離熱鬧舊城區有一點距離，但卻是位處於舒服怡人的住宅區。老實說我不愛夜生活，更不喜歡過於商業熱鬧的居住環境，所以每次挑選 Airbnb 都會盡量選擇地鐵方便進市中心的地區，一來降低住房預算，二來為了要和市中心競爭，居住空間的附加價值也會比較高。

這次挑選的藍房子，空間採清水模極簡設計風格，室內採光明亮，窗景納進戶外的綠樹光影，營造出一種舒服的生活感，房東説，這一帶有大公園、離市中心不遠，鄰近的羅馬區還有很多很棒的咖啡館和餐廳。入住的第一天，在公園大道逛逛附近有甚麼餐廳，先是被 Le pain quotidian 烘焙外帶區的金黃色麵包和可頌給吸引，好奇走近才發現，餐廳地板花磚和原木傢俱的設計感十分

迷人，決定要入內用餐，強調季節性食材及健康烹調的料理，我點了墨西哥辣椒番茄麵和一杯新鮮現打的綜合莓果汁，朋友點的是肉丸和墨西哥風味蔬菜濃湯，這些看似歐美料理手法跟擺盤，卻融入墨西哥地方食材，食材本身口感強烈，加上簡單新鮮的烹調手法，是一種讓味覺驚艷、身體無負擔的料理，讓人很滿足！

Le pain quotidian 同一條路上，斜對面有家餐廳「Delirio -Monica Patiño」人氣很旺，返回途中，在好奇心驅使下決定過去看看菜單，店內的烘焙陳列櫃很精彩，還販售嚴選乳酪和酒，和朋友約好隔天要來這裡享用早餐。我很喜歡她們家有機歐姆蛋套餐，內含蔬菜丁的歐姆蛋搭配火腿薄片，和墨西哥風味的漬番茄及新鮮生菜一起入口，非常滿足，佐餐的法國麵包抹上自製墨

西哥醬料也很棒，朋友點的是可頌搭配自製果醬，享用完第一餐後就上癮了！

令人好奇的是，在咖啡選項裡有一個很陌生的名字叫做「Café Correcto（with rompope）」問了店員，她說這是一種加了酒的咖啡，並且把調酒罐裝瓶直接拿給我看，然後一直大拇指比讚，我當然要來嘗一杯囉！等待上菜的時間查了罐裝上的西文翻譯，才知道這是墨西哥一種加了肉桂的蛋酒！熱熱咖啡有著濃濃蛋酒香氣和風味，好後悔我的好奇心沒有早點發作，不然就可以每天來一杯喝個過癮。

Le Pain Quotidien Roma（Mexico City）
http://www.lepainquotidien.mx/

查了關於這家店的英文報導，才知道它是由一位墨西哥女主廚融合了墨西哥和地中海料理特色所開的一家餐廳，也將墨西哥特色醬料和食材重新包裝成品牌商品銷售，用心推廣墨西哥美好風味！離開墨西哥前，還特地前往「Delirio -Monica Patiño」享用早午餐，臨走前也買了墨西哥辣醬和漿果薑味果醬，及店裡販售的精選音樂 CD，我不知道甚麼時候才能有機會再拜訪墨西哥，但確定的是，有了它們，我才能溫習「墨西哥老樣子早午餐」，並回味這一切。

Delirio -Monica Patiño
http://www.delirio.mx/

# 從市場到餐桌的尋味小旅行

前往中美洲旅行前，上網研究墨西哥行程，發現當地有一種「從市場到餐桌」的廚藝課程，就是跟著當地廚師去市場採買，然後回到他們家一起下廚，最後在餐桌上共享美味餐食，這是我最喜愛的一種尋味旅行啊！

幾經篩選，決定參加在 Viator 行程預訂平台裡的「San Juan Market Shopping and Cooking Tour in Mexico」，有了之前在坎昆腸胃不舒服無緣品嘗道地墨西哥小吃的經驗，所以內心很期待這場墨西哥市場到家庭餐桌的小旅行。

終於到了預訂日，但預訂回函信件的會面點說明相當不清楚，因為 San Juan Market 範圍廣大，找尋與工作人員碰面的過程，讓我們非常崩潰，好不容易終於見到行程負責人 Heike，她才告訴我們其實真正要去的是 Mercado de San Juan Pugibet。

不過，在等待時順道逛了 Mercado San Juan Arcos de Belén，市場周圍聚集好多小吃攤，跟小攤聊天之後才發現，原來 Mercado San Juan Arcos de Belén 這區的市場算是平價的大眾市場，有許多傳統墨西哥小吃攤位，但今天我們採買的地方是品質比較高檔，可以找到特殊食材的 Mercado de San Juan Pugibet。

Heike 說，在西班牙殖民時代，Mercado de San Juan Pugibet 只有西班牙人才能進來，市場販售來自歐洲的高級食材，如今，這裡成為聚集墨西哥品質優良食材的傳統市場，而某些西班牙火腿店家和地中海海鮮料理吧的老店，也依舊是市場招牌特色。

Heike 帶我們挑選了今天料理課要用的南瓜花朵、黑蘑菇、墨西哥品種番茄、節瓜和墨西哥椒類的特色食材，還參觀了非常特別的昆蟲食材店跟墨西哥乾辣椒及香料店，試吃奇怪的昆蟲點心，也買了些酥炸過的昆蟲食材回家料理。我最著迷的是乾辣椒香料店，墨西哥有上百種不同風味的椒類，風乾之後可以做為燉肉燉菜提味的香料，也可以研磨成粉狀，變身墨西哥料理的靈魂風味，

# MERCADO DE SAN JUAN PUGIBET

Viator
https://m.viator.com

Mercado de San Juan Pugibet.
http://mercadogourmetpugibet.com/

我想如果好奇心繼續發作下去，那得搬來墨西哥一年好好研究實驗吧！

參觀完市場直接前往廚師家，笑容爽朗的型男廚師 Gerardo，早就準備好冰涼的洛神花茶迎接我們！然後帶我們到他的廚房，開始接下來手做料理課程。

正式開始之前，Heike and Gerardo 先讓我們嘗嘗墨西哥龍舌蘭酒，然後分工教我們備菜，先是做好酪梨莎莎醬撒上酥脆的昆蟲，搭配玉米脆片當做開胃菜，然後用南瓜花朵清炒配料後做成煎餃的內餡，最後淋上芒果醬加上紅石榴果粒點綴擺盤完成。

而黑蘑菇是我最好奇的食材，Gerardo 將黑蘑菇和佐料炒熟之後用調理機打成泥做成佐醬，用來搭配以玉米葉裹蛋清玉米粉創意製成的蒸粽，最後，用煮熟的綠花椰和雞高湯在調理機打成湯泥的同時，用煎鍋把小米香煎酥香，再放入乾扁辣椒切片翻炒起鍋，灑在綠花椰湯裡即大功告成。

我們把菜都端進餐廳裡，擺好餐具，Gerardo 把主食玉米餅裝盛在漂亮盤子裡，用墨西哥風情的餐布罩著端上桌，開始招呼大家享用今天一起料理的美食，他們問我最喜歡哪一道？我說是那碗看似很平凡無奇，入口卻有豐富層次的辣味綠花椰湯！雖然回到台灣我也沒辦法記憶全部的食譜做法，有些食材也不容易買到，但這道菜倒是可以納入隨手可做又美味的旅徒食譜！

# 一起下廚：辣辣小米綠花椰湯

### 材料

雞高湯／3 量杯
綠花椰／1 顆
小米／2 湯匙
乾辣椒／1 根
胡椒／少許
鹽／隨喜

### 作法

① 先把乾辣椒切成小段，起一個煎鍋，放油熱鍋後，將乾辣椒稍微爆過再倒入小米翻炒熟並微焦備用。
② 雞高湯加熱之後，放入胡椒和鹽調味。
③ 綠花椰切小朵放入熱水煮熟撈起，瀝水後備用。
④ 在調理機中放入煮熟的綠花椰，再加入熱過雞高湯，分量大約淹過食材 2 公分即可。
⑤ 用調理機將花椰菜及雞高湯打成泥之後，倒入湯碗灑上炒熟的小米，再用辣椒乾裝飾上桌即可。

這道道地的墨西哥料理，食材很容易買得到，而且做法超簡單，辣辣的炒小米融入在綠花椰湯泥裡，每喝下一口都是驚艷，也是我在墨西哥料理課中最喜愛的一道！

註：量杯是指市售烘焙用250ml量杯

# 法國

# FRANCE

# 美食與生活的天堂

09 巴黎
10 亞維儂
11 艾克斯·普羅旺斯
12 尼斯

# 09 巴黎

心一橫訂下從巴黎進巴塞隆納出的機票，

展開40天歐洲環地中海找市場學料理的計畫。

從巴黎開始沿著南法城鎮到蔚藍海岸，

我成了搭TGV火車趕市集的煮婦旅徒。

法國人對生活浪漫，也迷戀食物，

而巴黎，絕對是讓人在餐桌上就想戀愛的城市。

生活家居館的餐桌道具配色都如此優雅美好，

露天市集和超市陳列的美學都是藝術，

高檔食材老店、熱愛食物的解說人員

娓娓道來用哪些商品搭配甚麼食材最對味。

光這些免費見學和美食導覽行程，

叫煮婦怎能抗拒這般魅力，只好豁出去愛上他！

# 老佛爺家居美食館

## 煮婦變身廚房優雅貴婦的秘密

來到時尚風格與料理美學為世界翹楚的巴黎，煮婦可以不去百貨公司血拼名牌時裝，但在廚房地盤如果要出落得像貴婦，餐桌是妳的開趴舞台，怎麼能不來朝聖老佛爺家居美食館（Galeries Lafayette ／ La Masion & Le Gourmet）呢？如果說巴黎是生活美學的天堂，這裡可是天堂的頂樓呀！

2014 年造訪巴黎時，發現老佛爺百貨本館對面，開了一整棟的家居美食生活館，當時欣喜若狂地探索每個樓層，那些名揚世界的廚房器具、生活起居用品和餐桌上搭配優雅的色彩美學，以及一樓頂尖的甜點美食專區，和最底層像藝廊的超市，每一層樓都讓我失心瘋，但想到乾扁荷包和額度幾乎用罄的信用卡，每下一層樓就心碎一次，煮婦的心碎聲大概可以媲美聖母院的鐘聲吧！

這趟回到巴黎，第一件事就是先到這裡報到，快速全館獵搜掃瞄，列出煮婦優雅變身廚房貴婦的必敗清單，最後在「買了會餓死」與「不買會想死」的幾番交戰下，敗了配色優雅美麗的圍裙（除了圍巾控現在也是圍裙控了！）及廚巾，代表巴黎造型的烘焙模具，最重要的是紀念巴黎的兩只 de Buyer 巴黎鐵塔 12 公分迷你煎鍋，這是打算用來烤一人派專用的造型鑄鐵平底鍋，彷佛從東京扛柳宗理小煎鍋的那一趟旅程，就開始我的煮婦旅徒扛鍋人生，除了價格便宜之外，最重要的是，她們都是與我有共同旅行回憶的廚房閨蜜。

Galeries Lafayette
http://haussmann.galerieslafayette.com/le-gourmet-rentre-a-la-maison/

La route des Indes

SAVOR & SENS
ESTOUBLON

LaPasta

# 巴士底市集

## 最值得造訪的露天市集

巴士底市集（Le marché de la Bastille），旅遊書和部落客都會推薦它是巴黎最大也是最值得造訪的露天市集，但卻成為第一次旅行巴黎時最揪心的錯過，因為沒有查好營業時間，下午才抵達，只能望市集興嘆。

因為這次教訓，往後我都會先查好市集營業時間，排行程時也會優先考慮接下來的行程是否適合扛著東西到處跑。而第二次飛巴黎，我是配合巴士底市集的營業日訂機票，意思就是不能再錯過它！

真正站在市集的那天，坦白說是有些小失望，因為市集中聚集不少廉價衣物商品的攤商，與那些洋溢著美好歐洲田園風情的蔬果花卉攤，搭配起來超有違和感的。所幸，陽光灑在色彩繽紛的歐洲蔬果或是香草花卉上，那種景象還是很吸睛很迷人，基於法國人的美學素養，即使賣顆南瓜也要開口切花，襯托鮮黃果肉，就像是朵朵美麗的向日葵陳列在架上，向每個路過的人綻放微笑。

這裡的起司乳酪商品跟紐約市集比起來種類繁多，但不方便帶著走只好作罷！買些蔬果香草，或在眾多美食小吃攤裡覓食，其實也樂趣十足，很多日本旅客會擠在生蠔攤位前，排隊享受新鮮生蠔配白酒，看他們的表情應該是很享受，但一個人旅行最怕吃壞腸胃或過敏，所以我完全不敢碰沒有煮熟的海鮮！最後挑了人氣很旺的可麗餅攤，選了幾種配菜加上燒烤臘腸切片、乳酪和蛋，看著老闆手腳俐落地在鐵板上抹一層奶油和麵糊製作可麗餅，然後開始悠悠地把臘腸切圓片，接著在可麗餅上一層接一層放上配菜，再把蛋糊淋上淹沒蔬菜，乳酪像不用錢似的撒上，最後再裝飾一層臘腸切片（擺那麼漂亮重點是合起來就看不到了啊～老闆），他把像一盤披薩的圓餅對折再對折，我的口水也一吞再吞⋯⋯，時節進入微寒的十月巴黎，手中接過熱呼呼香噴噴的可麗餅，坐在旁邊的公園椅上大快朵頤，實在是太享受了！

逛完巴士底市集之後，感覺就是它範圍很大無誤，但是觀光性質已經遠大於真正提供巴黎人尋常生活採買生鮮蔬果的功能了，或許，這也是 Airbnb 房東 Lise 推薦另一個她們喜愛採買食材的市場之故吧！

BOISSONS FRAICHES
COCA
COCA ZERO
BOISSONS CHAUDES
EXPRESSO
CAFE CRÈME
nutella

LA
VACHE DE
FROMAG

## 阿里格農貿市集

## 在地人推薦買菜最佳去處

阿里格農貿市場（Marché d'Aligre），是 Airbnb 房東 Lise 的男友 Aurélien 力薦的市場，我喜歡當地人推薦或常去的地點，尤其和食物有關的傳統市場或餐廳，越貼近當地人的日常生活得越好，這樣才能滿足我在旅行中體驗他們真正生活的渴望。

阿里格農貿市場是位於我覺得小資女在巴黎很適合走逛敗物的 Ledru-Rollin 街區，從地鐵站 Ledru-Rollin 一出站，周邊有很多法國平價品牌的衣物飾品和家居生活店，附近還有許多餐館和咖啡館，Place d'Aligre 這個中心廣場，有橫跨三條街區的露天農貿市集 Marché d'Aligre，以及一座小型室內市集 Marché Beauvau，室內市場主要是肉品、乳酪製品和乾物食材，外面的露天市集賣的則是蔬果花卉，陽光下的蔬果最迷人，朝鮮薊像朵朵鏗鏘玫瑰、櫻桃蘿蔔都被扎成像束花、紅石榴盛著向紅色珍珠的果粒、南瓜切口雕花變成朵朵向日葵，歐洲蔬果物產豐隆加上法國人的美學素養，整個露天農貿市集逛起來非常賞心悅目，幾把新鮮的香草束，不到一歐元就能入手，讓台灣煮婦很扼腕！把整個街區都逛完之後，還發現廣場上有個跳蚤市集，過街則是中國超市，這裡真的是和食物有關的市集大鎔爐。

Marché d'Aligre
http://marchedaligre.free.fr

Les chèques
NE SONT PAS
ACCEPTES
TOMATES
CONCRETES
AVOCATS
TOMATES
GRAPPES
HARICOTS VERTS
EBOUTEES
TOMATES
CERISES
CERFEUIL
TUBEREUX
Choux VERTS
DULZE
herb
PERSIL
CORIAND
CIBOULET
CERFEUIL
OSEILLE
MENTHE
LAURIER
THYM
SAUGE

# 闖進型男美女的廚房

## 雙主廚的法式家常料理

從抵達巴黎開始，前往歐洲只有目的沒有計劃的盲旅行，似乎一切宇宙都幫我傳好好，只要人到了，理想人事物都會一個個安排相遇，完成目的甚至超乎期待！

我的巴黎房東 Lise，本人美麗又溫暖親切，帶我介紹完民宿空間後，站在設備完善的廚房，我好奇地問她是不是很喜歡料理，她說其實是男朋友 Aurélien 比較常下廚，我告訴她，這趟歐洲之旅，就是希望能有機會上廚房家教課，她立馬古道熱腸地說要幫我問問男友能不能幫這個忙，就這樣，滿心期待周五下班的夜晚，大家可以一起下廚，由法國雙廚出馬，幫我上一堂家常料理課！

因為他們堅持不收學費，但接受我準備甜點，所以那天下午便去老佛爺美食家居館的甜點樓層，提了一個據說是法國老牌甜點界如愛馬仕般尊貴經典的 DALLOYU 甜點櫃，看大家排隊就是為了買這個內層重重奶油千層酥皮，外層裹上杏仁片與焦糖碎片的 DALLOYU 蛋糕回家，想必也是鎮店經典款之一，所以最後就決定買它回去，孝敬兩位主廚。

周五夜晚，主廚 Aurélien 從南法趕回來，副廚 Lise 負責採買有機蔬果和其他食材。初見 Aurélien，感覺他是個帥氣且靦腆的暖男，但一進到廚房領地後，就轉身變成優雅從容的型廚了！

Aurélien 說，以前常去親戚家開的有機蔬果店串門子，瞭解有機食材，也很喜歡在 Marché d'Aligre 逛逛看看美麗蔬果，感受生命力帶來好心情，後來迷上巴黎近郊的自然農法農場，常帶著 Lise 去親近大自然、體驗親手採蔬果的樂趣，因此開始關心飲食對身體的影響，進而會開始下廚，去實驗不同食物互相搭配所帶來的味覺感受及對身體健康的影響，也因此開始迷上料理。

主廚 Aurélien 很自豪地示範乾鍋不放油，煎燒幾種菇類逼出它們的香氣水份，再用菇類湯汁煨熟鮭魚排，最後再撒上海鹽調味的方法，這樣不需要奶油或過多的調味料調味，純粹享受食材互相提味所帶來的樂趣，看著雙主廚拌飯和擺盤，邊開心喝酒邊幸福撫背親吻著，頓時覺得廚房春意盎然，洋溢著屬於法國人無所不在的浪漫。

# 一起下廚：**有機蘑菇香煎鮭魚排套餐**

## Le dôme de Lise & Aurélien

- 鮭魚片／1 片
- 有機蘑菇／100g
- 有機漬橄欖／1 湯匙
- 有機番茄乾／1 湯匙
- 有機牛番茄／1 顆
- 有機綜合生菜／隨喜
- 優格／1 杯
- 白米／1 杯
- 海鹽／少許
- 黑胡椒／少許
- 橄欖油／少許

### 漬物拌飯

①米洗淨後取一只琺瑯鑄鐵鍋，以 1:1.1 杯比例的米和水，放入鍋內，用中火不加蓋開始煮。

② 等到鍋內水稍微滾，米有點像跳舞時，轉小火加蓋悶煮 10 分鐘（手機按鬧鐘）。

③ 時間到之後，關火，不開蓋悶至少 15 分鐘以上再開蓋。

④ 煮飯的同時，可以把漬橄欖和番茄乾切碎，放入調理碗加鹽巴、胡椒和些許橄欖油調勻。

⑤ 把調理碗材料倒入飯鍋裡拌攪均勻即可盛盤。

### 蘑菇煎鮭魚排

① 蘑菇洗淨瀝水後，放入乾燥的平底鍋用小火慢慢乾煎 5 分鐘，加些許鹽拌炒。

② 加鹽拌炒後，蘑菇會出水接著以胡椒或喜歡的香料調味之後，繼續翻炒。

③ 在鍋內加點水，形成蘑菇湯汁，把蘑菇挪往鍋邊之後，放下鮭魚排用湯汁煨熟。

④ 鮭魚煨熟後，起鍋盛盤再放上蘑菇。

⑤ 盤中再配上漬物拌飯和牛番茄切片淋上優格最後點綴生菜即可上桌。

有機型男家廚很重視食物的本質，不喜歡過多的加工調味，也不願意使用油或奶油去煎熟蘑菇和鮭魚，反而運用乾煎蘑菇出水的湯汁去煎熟鮭魚，讓食物的原味互相提味。

註：量杯是指市售烘焙用250ml量杯

# 亞維儂

亞維儂是南法大城，也是我第一個抵達的南法城鎮，

來到這只想住在有美麗窗景、

陽光灑滿陽台上香草花圃充滿南法氣息空間，

享受南法愜意的居家生活。

民宿女主人Delphine家的生活空間及顏色的搭配，

讓人想像她應該是很有個性和生命力的女人，

最吸引我的是很棒的廚房和陽台餐桌，

每天在廚房料理好餐點，端上陽台餐桌上，

讓南法美景佐餐，味覺視覺都是享受！

從僻靜的住宅區前往熱鬧的老城區，

沿途屋舍大多有著奔放花籐與綠樹光影交織的迷人景象，

每天散步往返其間心情滿是愉悅！

## 綠建築大市場

# 古城區的美好風景

Les halles et les marches，位於古城區內，位置並不好找，後來問了路人，他也要前往那個市場，所以可以順便帶我走一程，沿途我們沒有甚麼交談而且走得很快，但到了某個巷口他突然停下來，用手比上空示意要我看看，哇！好多美麗顏色的傘，張開佈滿整個巷道的上空，我拍下地址打算回頭再來拍照。

Les halles et les marches 是一棟室內大市場，外觀的外牆上佈滿綠藤，在周邊古老建築整片的石磚色中顯得額外醒目，走進大市場後，我的覓食雷達自動開啟，邊走邊觀察推著菜籃車的在地人會去哪些攤子，魚肉和蔬果攤和巴黎市集的種類相差無幾，但有一家小店特別擁擠，我也跟著他們擠進去，店裡有些蔬果有些孔洞不完美，價格也沒有比較便宜，看大家都很仔細挑選，猜想可能是自然農法種植，要不就是附近農莊自家栽種的作物，我也跟著買了節瓜、青椒、西洋梨、盒裝綜合菇類，還有看起來漂亮的新鮮香料束，總計不到 7 歐元的價格，讓我開心的不得了。

逛了幾圈，覺得人氣最旺、菜籃車最多是幾家熟食店，我跟著大家到一家桃紅色的熟食店家，好多盒裝熟食看起來就是很好吃的鄉村菜，讓人難以選擇，問店員小姐甚麼是這裡最人氣的商品，她推薦一款「牛肉餅」，雖然看起來是一坨深咖啡色的碎肉塊，但勢必有其獨到之處！順便挑了一盒筆管麵，等會帶去艾爾小鎮時可以野餐。

整座市場裡徘徊最久的就是香料店，那些美妙的香料鋪滿成排的木格子，令人百看不膩，但店員小姐沒辦法說英文，我也不會說法文，最後只買了香料鹽。而市場裡最開心的橋段，則是橄欖專賣店的型男熱情地用英文解說各種橄欖，為了多看他幾分鐘，我成了不恥下問的用功煮婦，離開市場前，在雜貨店購入了色彩繽紛的繩籃，回家還被房東笑這是她阿嬤那個年代的菜籃耶！

Les halles et les marches
18 Place Pie, 84000 Avignon

19
RUE
DU
VIEUX SEXTIER
Carriero dóu Vièi-Sestié
couleurs d'ailleurs
ACHAT
Vieil or
Lingots
Diamants

闖進民宿主人的廚房

## 享受陽台餐桌的美好生活

居住亞維儂總是睡到陽光把我叫醒，悠悠的開始準備早午餐，把市場買的節瓜切薄片，採點陽台菜圃上的新鮮香草，做一鍋蛋煎香料節瓜，再把巴黎買的小煎鍋加熱房東做的番茄燉節瓜，放上烤熱的法國麵包切片，西洋梨洗淨放在美麗碗裡，泡一杯我最愛的法國 Kusmi Tea 的茶， 一起端去陽台的小餐桌上，配著陽台外陽光明媚的風景，聽著風撩動樹葉沙沙作響的樂音，心底好清楚地叫囂著「這才叫美好生活！」吃完飯身體常常沒有想出門的意思，十月南法也是進入微寒且溫差大的季節，回到房間拿披巾再到廚房泡杯熱巧克力，再坐上陽台搖椅曬日光聽風聲放空打盹，甚麼景點對我來說都不重要，在陽光下睡到飽，再出門散散步就是最美好的南法時光了。

抵達 Delphine 家見到美麗廚房便詢問她平常有沒有下廚的習慣，如果有希望能向她學道南法家常菜，她突然興奮地說：「妳知道嗎？！這太神奇了，前天才問媽媽一道茄子料理的做法耶～如果妳不介意，我們可以一起實驗這道食譜，」我也超興奮地說這是我最幸運的事情呀！所以約好離開前的晚上一起試做這道「南法媽媽的烤茄子」。那天晚上我們一起備料，一邊閒聊旅行趣事，她說前半年去非洲學舞蹈，身心感受到音樂節奏和肢體躍動強烈震撼，開始嚮往更原始的生活，回到法國後高燒不退才知得了當地的伊波拉病毒，住院期間突然有位女士走近她說，你的潛意識能量越來越活躍，需要讓雙手做出實際的東西平衡這股能量，講完我倆相視而笑的說：「那不就是做菜嗎？！」茄子烤出爐後，興奮地端上桌，翻開茄子泥拌攪上面的香料，入口滿是食物與香料豐富的濃郁好滋味，吃完飯我們泡著熱茶聊天，聊到共同喜歡的書——保羅科賀爾《牧羊少年奇幻之旅》，我們都非常喜歡書裡的話：「當你真心想要一件事情，宇宙會聯合所有力量來幫助你。」好喜歡這樣可以和一個陌生朋友這麼敞開的暢聊人生，並帶給彼此不同的思維刺激，更是感謝她在餐桌上帶給我這麼美好的人情味，這將讓我永生難忘！

# 一起下廚：南法季節料理

今日菜單

前菜

香草節瓜蛋煎

主菜

南法媽媽的香料烤茄

## 香草節瓜蛋煎

**材料**

- 雞蛋／1 顆
- 節瓜／1 條
- 香草／少許
- 普羅旺斯綜合香料／少許
- 海鹽／少許
- 黑胡椒／少許
- 橄欖油／1 湯匙

**作法**

① 節瓜削皮後切成圓片。
② 平底鍋加些許橄欖油熱鍋後，放入節瓜圓片。
③ 節瓜圓片灑上海鹽、黑胡椒、普羅旺斯香料，翻面時再重複一遍一樣的動作。
④ 節瓜差不多煎熟時，大致鋪平擺放好在煎鍋裡，把切碎的香草灑在上面。
⑤ 取一個調理碗，打入雞蛋加一點鹽拌勻之後，將蛋液倒入煎鍋內。
⑥ 稍微傾斜旋轉一下煎鍋，讓蛋液可以均勻流動鋪平煎鍋。
⑦ 蛋煎熟後即可起鍋上桌。

## 南法媽媽的香料烤茄（Aubergines à la Roberte）

**材料**

- 日本茄（橢圓胖胖的紫茄）／1 顆
- 蒜頭／1 顆
- 洋蔥／1 顆
- 辣椒乾／少許
- 風乾番茄乾／1 湯匙
- 普羅旺斯綜合香料／1 湯匙
- 海鹽／少許
- 黑胡椒／少許
- 橄欖油／1 量杯

**作法**

① 茄子對切剖面之後，用刀劃上菱格放便於醬汁滲入。
② 蒜瓣搗碎（或切碎末）、洋蔥切碎末、辣椒乾和番茄乾也都切成碎丁。
③ 調理碗放入上述食材碎末，調入橄欖油及視個人喜好加入黑胡椒、海鹽和普羅旺斯香料等，調勻成醬汁。
④ 烤盤鋪上錫箔紙放入茄子，用刷子沾醬汁油刷一遍茄子表層，再在菱格剖面上放上帶有碎末的醬料。
⑤ 烤箱先預熱 180 度，到溫後將茄子送入烤盤約烤 40 分鐘（適茄子大小調整烘烤時間）。
⑥ 每 15 分鐘取出烤盤，淋上剩下的醬汁直到茄肉烤到熟爛。
⑦ 出爐盛盤上桌後，用刀輕輕將皮肉劃分開，將焦掉的表皮剔除，剩下爛熟的茄肉泥和香料攪和均勻，用長棍麵包切片沾著一起吃。

入住亞維儂的民宿時，聽房東Delphine說她曾經因身體不好，回媽媽家休養一段時間，每天媽媽做的三餐都讓她回味無窮，漸漸愛上負擔不重的蔬食料理，媽媽做的這道香料烤茄最令人懷念不已，於是電話連線媽媽請她教我們這道料理。

註：量杯是指市售烘焙用250ml量杯

# 艾克斯・普羅旺斯

MAISONS DES ILLUSTRES
PAUL
CÉZANNE
PEINTRE 1839-1906
INSTALLE ICI SON ATELIER EN 1901
OÙ IL RÉALISE SES DERNIÈRES
NATURES MORTES, LES PORTRAITS
DE SON JARDINIER VALLIER
ET «LES GRANDES
BAIGNEUSES»
MINISTÈRE DE LA CULTURE ET DE LA COMMUNICATION

艾克斯．普羅旺斯Aix en Provence，
是這趟法國旅程裡擁有最多奇遇的地方！
首先，一下火車站就遇到好心的年輕人帶路前往旅客中心，
找到了民宿位置後，民宿女主人的男友又熱心地幫助我將行李拖上頂樓，
他介紹完空間設施後，覺得房子比網上圖片的還要美，
於是問他和房東是不是從事空間設計的工作，

他回答：「No, I am a cooker.」一聽到是廚師！
不知哪來的勇氣開口問他能否教我法式家常料理？
他先是愣了一下然後說好，當下開心到真心相信自己有神寵！

## 最早發展的露天菜市場

### 普羅旺斯農貿市集

艾克斯．普羅旺斯是普羅旺斯省最早開始發展農貿市集的地方，這次選擇的民居接近市政廳 Place de l'Hôtel de ville 的廣場市集，從住家爬一段坡道大約走個五分鐘就能抵達。因為和房東男友 Rémi 約好上午 11 點在民宿廚房上課，所以預計 7 點出門逛市集。

市集廣場上，攤商們正忙著擺攤上架物品，於是先去廣場邊一家很喜愛的咖啡館，和大家一起站著喝杯咖啡，等到市集就緒、正式開始活絡了，才過去開始走逛。

相較於室內市集，我還是偏愛戶外露天市集，原本期待南法陽光下的市集應該會更有活力，但是居住這裡的時間，大風陰冷天氣居多，所以攤商數量相對減少。幸好陽光還是有露臉一下，讓我拍到陽光灑在艷麗蔬果攤和手工縫製薰衣草香包的景象。被美麗蔬果攤上的紫斑色的豆莢吸引過去，買了一些豆莢、還有沿路都想買的朝鮮薊和細蔥，準備回家問大廚料理方法。

離開市集前，在薰衣草鋪買了精美香包，並和會講英語的老闆閒聊很久，

他說，香包都是 80 幾歲的母親設計製作的，他問我喜歡甚麼法國食物，我說目前最喜歡的是昨晚吃到的焦糖烤布蕾，他笑著建議：如果加上他們家的食用薰衣草會更美好！

因為長途旅行不適合買大包裝，他說可以回家分裝小包裝賣我，等市集結束後約在旁邊咖啡館碰面，還告訴我曾有日本女生為了要出一本普羅旺斯的書，特地採訪他和母親，等會順便帶來給我瞧瞧。上完廚房家教課後，我們依約在咖啡館碰面，他點咖啡順便幫我點杯熱巧克力，我要付費卻被拒絕了，他說在這裡沒有男人會讓女士付錢，此話一出，便覺得南法的男人非常有紳士風度！

一杯咖啡的時間，閒聊的很愉快，他帶來的日文書《30 天的普羅旺斯》，封面照片美感十足，書裡圖片把普羅旺斯各種商家和風景都拍得好唯美，加上乾淨典雅的編排，讀起來很舒服，也帶給我許多靈感，他說希望我還能再來這裡，也請我記得他一直都會在這裡（指市集的位置啦！）雖然今天沒有看到市集最熱鬧的景象，但精神上卻擁有好多豐富的交流。

# 一起下廚：**辣味白豆茄汁雞蛋麵**

### 材料

- 白豆／200g
- 番茄／3 顆
- 蝦夷蔥／適量
- 辣椒乾／1 條
- 海鹽／少許
- 黑胡椒／少許
- 橄欖油／1 大匙
- 雞蛋麵／3 捲（兩人份）

### 作法

① 將番茄切片，乾辣椒也切片備用。
② 起一個平底鍋，熱鍋後，加橄欖油稍微爆香乾辣椒切片，之後放入番茄切片批次加水，用中小火熬煮成糊醬。
③ 熬煮辣味番茄醬的同時，煮一鍋熱開水把白豆煮熟。
④ 白豆熟透後撈起來，倒入番茄醬鍋中熬煮入味，並視個人喜好斟酌加入海鹽及黑胡椒調味。
⑤ 取一只煮麵鍋加水煮滾，放入麵條和一撮鹽煮熟後撈起（煮麵時間請比照包裝說明步驟指示）。
⑥ 麵煮熟後撈起瀝水後，直接加入茄汁焗豆的醬汁鍋中，再撒上蔥花拌勻即起鍋。

從市場買了美麗紫斑色豆莢回家，問大廚在法國都怎麼料理它，大廚說通常他們都是把白豆拿來燉湯燉肉，但白豆不容易熟透如果不是長時間燉煮的料理，最好是事先把它們煮熟後在一起料理調味比較快！於是我只好節省時間一邊熬辣味番茄醬一邊煮熟豆子，辣椒乾熬煮的新鮮蕃茄醬汁很美味，豆子本身味道並沒有太突出，但就是有種比燉馬鈴薯更清爽的口感和嚼勁，所以難怪適合拿來燉肉及燉湯呀！

註：量杯是指市售烘焙用250ml量杯

家教課

## 主廚的法式家常料理

### 闖進暖男的廚房

房東 Morgane 的男友 Rémi 是一家餐廳的副廚，每天工時很長，白天即使休假，也常要去廚房和主廚一起研究菜單或備菜，對於他願意撥出休息時間教我，內心無比的感動！

他教我做的是法國家庭都會做的鹹派，從派皮製作到炒餡料最後烘烤出爐大約需要 1.5 小時，大廚很細心體貼，每個步驟開始都會在我的筆記本上先寫出法文的食材名稱和數量，然後開始實作示範，每個步驟結束都會清理檯面一次，他說這是廚房工作養成的好習慣，用攪拌機揉麵糰時，我稱讚這台紅色的 Kitchen Aid 很美，他很開心地說這是生日時大家合送的珍貴禮物，派皮餡料都做好時，他順手把剩下的麵團做一個胡蘿蔔派，給喜歡蔬食的女友，真是好貼心的暖男一枚呀！

等候烤派時間，聊到他是在鄉村長大的孩子，家裡種植很多蔬果，每天都有新鮮的雞蛋，每趟回家都會做這個鹹派給家人吃，講到家鄉時突然想到媽媽最常做的優格杯蛋糕，做法非常簡單，適合我這個有烘焙障礙的人，問我想不想學，可以順便教，答案當然是好呀！

Rémi 說，之所以簡單，就是所有食材都用市售 125g 的優格杯作量杯，最後攪拌均勻倒入蛋糕膜，上面也可以加喜歡的水果，就可以作出簡單又美味的優格蛋糕。香噴噴的鹹派和優格蛋糕同時出爐，我們迫不及待一起品嘗，天啊！終於吃到正宗法國家常鹹派了還有法國媽媽的優格蛋糕，人情味和滋味都令人感動難以忘懷，Rémi 要趕去上班所以得要先道別，我包了一個紅包送給他和 Morgane，告訴他紅包在台灣代表朋友的感謝與祝福，我離開後 Morgane 捎來訊息說，他們發現紅包裡裝錢很驚訝，說男友其實下廚時很專注，不太希望有人在旁打擾，不過這次一起下廚的經驗很開心，也許明年他們會搬去里昂，希望有機會還能再聚聚。

Miele

RÉMi LAMBERT
yaourt
gateau au yaourt
(family)
① Yoghurt van Volle melk 1盒
125g

**今日菜單**

**主菜** 法式家常洛林鹹派

**甜點** 法式家常優格蛋糕

## 法式家常洛林鹹派
## （Quiche Lorraine à la Rémi）

**器具** 10 吋派烤盤

**派皮材料**

- 麵粉／250g
- 奶油／125g
- 鹽巴／少許
- 雞蛋／1 顆

**餡料材料**

- 培根／100g
- 雞蛋／3 顆
- 鮮奶油／200ml
- 蝦夷蔥／些許
- 胡蘿蔔／1 條

### 派皮

① 將奶油切丁，取一個攪拌盆，放入麵粉、鹽和奶油切丁，用攪拌器拌勻。
② 打入一顆蛋加 2 湯匙冷水攪拌均勻之後，形成有點點溼度的麵糰（如果太乾可以稍微加一點水）。
③ 在乾淨料理台灑上些許麵粉，將麵糰桿成圓形直徑大約 30cm 派皮（10 吋派盤大約直徑 24cm）。
④ 在派盤烤盤上先刷層薄薄的橄欖油後，放上派皮稍微推擠派皮貼緊邊框深度。
⑤ 修整裁掉高出派盒的派皮後，用叉子在派皮的表層淺戳一些氣孔（不要戳到穿底即可）。

### 餡料

① 將培根和胡蘿蔔切丁，蝦夷蔥切成細蔥花之後備用。
② 平底鍋充分熱鍋之後，放入培根豬肉丁把油逼出來，再炒到微微焦香濾油後放涼備用。
③ 調理盆中打入三顆雞蛋拌勻，再加入鮮奶油繼續拌勻。
④ 濾過油的培根豬肉丁倒入調理盆攪拌均勻後再緩緩倒入派皮上。
⑤ 最後撒上蝦夷蔥細切的蔥花即完成餡料部分。

### 烤派

烤箱使用 160 度預熱到溫後放入派盒，設定時間約 30 分鐘。烤到 25 分鐘時，視察狀況，如果派皮沒有金黃微焦則可以延長烤程到 35 分鐘。

煮婦食記

Rémi本身是廚師，所以料理時動作非常輕快俐落，他說這道派適合一般人在家簡單輕鬆做，也可以講究細節，例如培根肉丁的肥瘦度挑選，以及稍微過熱水去掉原來粗糙的鹹味，濾過水份再下鍋香煎至金黃，雖然程序變繁複，但派做出來會比較不油膩不死鹹，聽完之後覺得廚師果然有許多小撇步就能讓料理更美味！但我喜歡他即興撒上細蝦夷蔥花，為這道家常鹹派增添了不一樣的風味。

註：量杯是指市售烘焙用250ml量杯

## 法式家常優格蛋糕
（Gâteau au yahourt à la Monique）

**材料**

- 原味優格／1 杯
- 白砂糖／1/2 杯
- 無鹽奶油／1/2 杯
- 雞蛋／3 顆
- 麵粉／3 杯
- 酵母粉／2 茶匙
- 香橙精（可不用）／2 茶匙
- 香草精／1 茶匙

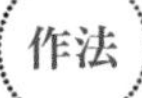

**作法**

① 無鹽奶油放室溫稍微融化，在調理盆內倒入優格和白砂糖拌勻，再加入融化奶油後繼續拌勻。
② 打入 3 顆雞蛋繼續攪拌均勻。
③ 3 杯麵粉分批次倒入方便攪拌均勻麵糊。
④ 最後加入酵母粉、香橙精和香草精攪拌均勻。
⑤ 長條蛋糕烤盒四周刷上薄薄的橄欖油防止沾黏好脫模。
⑥ 倒入麵糊約莫烤盒 2/3 深度。
⑦ 可以在麵糊上方或裡面添加一些自己喜歡的水果（必須是較少水份的為佳或堅果）。
⑧ 烤箱預熱到 180 度之後送入烤盒，設定 30 分鐘。
⑨ 烤約 30 分鐘後拿小刀插進蛋糕裡抽出來如果有沾上些許麵糊可繼續加烤 5 分鐘即可出爐。

Rémi把鹹派送進烤箱後，一邊整理廚房一邊閒聊，他說這些雞蛋都是鄉下自己家裡養的，他從小就喜歡看媽媽做點心，這道優格蛋糕就是媽媽用125g優格杯當量杯，簡單快速做出來的點心，如果家裡有水果，也可以加進去增加風味，但原味口感清爽也非常好吃！

註：此處的「杯」是指法國市售125g裝的優格杯大小，如在台灣用不同克數份量的優格杯，請記得照食譜等比例增減。

# 12 尼斯

尼斯，是我南法旅行的終點站。這一座屬於蔚藍海岸的濱海城市，無論是白天或是黑夜都有不一樣的美，因為選擇的Airbnb民宿離海邊很近，晚飯後我會走一段濱海大道，找個喜歡的位置坐下聆聽海潮聲，旅居在此的某一天，恰好遇到滿月，據說滿月的祈願力量最強大，於是我帶著筆記本坐在海邊寫完了宇宙訂單，然後對著海洋說悄悄話，把我的心願都告訴溫柔的地中海！

# 蔚藍海岸最亮眼繽紛的顏色

## 賽雷亞花果市集

從民宿沿著英國人散步大道（Promenade des Anglais）走，就可以抵達舊城區，蔚藍海岸的大市集——賽雷亞花果市集（Marche Aux Fleurs Cours Saleya）正位於此，賽雷亞花果市集是巴黎一路向南的幾個城市中，最熱鬧豐富的大型露天綜合市集，整條街市共有四排攤商，販賣著各式爭奇鬥艷的花卉、蔬果、乳酪、臘腸和香料，特別的是，這裡還有許多藝術畫作、紀念品和特色小吃店，其中有家Socca鷹嘴豆烤餅總是大排長龍，我也湊熱鬧買了一份邊吃邊逛市集，因為是單純烙餅，沒有夾餡料，所以滿嘴充滿豆泥香，逛到一家香料鋪時，因為老闆能用英文介紹，我就像得失心瘋一般，買了特別為魚類、肉類調配的各種綜合香料，還有普羅旺斯綜合香料回去，又禁不住南法花色的陶盤誘惑，手滑順便帶回家了，畢竟這已是法國的最後一站，就豁出去了吧！

VENDRE
SNUG

# 原來蔬食也可以這麼好吃
## 闖進貓樣女孩的廚房

Seva 是位個性文靜卻笑容甜美的年輕女孩，每天看著她和愛貓對話的樣子實在很逗趣可愛，初次見面時，介紹完廚房後，表明自己是蔬食愛好者，吃得相當簡單所以並不擅長料理，並收集各式 YOGI TEA，也推薦我喝喝看，好奇地問她：「YOGI TEA 為甚麼在法國這麼紅？」她說除了喜歡收集茶籤外，這牌子的茶都是純天然的香草花果，非常適合練完瑜伽後飲用，還熱心地推薦一家法國有機超市 Bio c'Bon 可以買到這個牌子所有種類的茶。

本想應該沒機會在尼斯學到料理，但出乎意料的事情發生了！有天早晨起床，看到桌上有芒果丁、酪梨丁、有機豆腐丁和切細碎的巴西里，Seva 正在煮熟黑米，我沒嘗過芒果與酪梨的組合，已經覺得很妙了，竟然還加上豆腐和黑米，不禁心想：這些東西加起來會是甚麼滋味？

Seva 說這是自己發明的蔬果沙拉，黑米有助於造血功能，又能增加飽足感，所以常用來做沙拉，最後混合所有食材加點海鹽和普羅旺斯綜合香料之後就完成，我厚臉皮地問她可不可做完時讓我嘗嘗看？她盛了一小碗給我，入口之後超級驚艷，酪梨與芒果搭配起來，口感居然是如此奇妙又非常好吃，我笑著說妳不會做菜但卻不小心做出了天菜了！往後的旅程，遇到朋友搭伙食時我就會做這道沙拉，大家超驚艷讚不絕口！

YOGI TEA
http://www.yogitea.com/en/

Bio c'Bon
http://www.bio-c-bon.eu/fr

# 一起下廚：尼斯女人沙拉

## 材料

- 芒果／1 顆
- 酪梨／1 顆
- 白豆腐乾／1 塊
- 黑米／3 湯匙
- 普羅旺斯綜合香料／1 湯匙
- 新鮮巴西里／1 量杯
- 海鹽／隨喜
- 初榨橄欖油／些許

## 作法

① 白豆乾放進滾水裡煮個 8 分鐘之後，撈起瀝水、放涼備用。
② 白豆乾切丁，用鹽和普羅旺斯綜合香料調味醃製 10 分鐘。
③ 黑米放入滾水中煮熟，撈起瀝水、放涼備用。
④ 酪梨和芒果切丁放入調理盆。
⑤ 把巴西里葉切細碎後撒進調理盆，再加入些許橄欖拌勻食材。
⑥ 最後倒入黑米及用香料醃過的豆乾丁稍微拌攪即可。

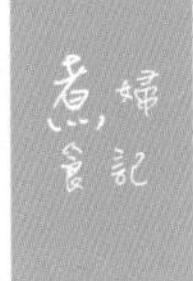


Seva是個瑜伽愛好者，生活作息和飲食都非常健康，偏愛吃蔬果料理，很會運用現成的水果及香草做成水果沙拉，然後隨性拌入主食黑米和豆腐切丁（法國超市很容易買到各種口味的豆腐塊，很多女人因為低熱量又對身體健康而愛吃它們），卻創造了色彩非常美麗及口感非常美妙的神奇沙拉！我驚艷酪梨和芒果是如此奇怪又美味的組合，旅途中試做給許多室友吃，他們也都非常驚訝和念念不忘。

註：量杯是指市售烘焙用250ml量杯

# 義大利
# ITALY

# 美食之都我來啦！

# 13 波隆納

波隆納是義大利旅程最神妙際遇的城市，完全不在旅途計劃內，

卻似乎一直在召喚我。首先，在威尼斯火車站被鴿子「棒賽」來個好Sign！

遇見好心站務員寫下「Bologna」字條，提醒這站之後下車，

於是站站對照那字條。到了佛羅倫斯的民宿遇見一對加拿大侍酒師姐妹，

送我波隆納明信片，熱情力薦這個城市有多好吃又有多美麗一定要去！

最妙的是，我在佛羅倫斯相遇的「浪漫教授」居然是來自波隆納的男人，

愛下廚的他還隔空遠距離教學「波隆納地方小吃廚藝課」，

回想起義大利老奶奶說被鴿子「棒賽」代表神的旨意會帶來幸運，果不其然啊！

# 像鄰居般走逛老街市買菜

## 義大利火腿尋寶之旅

從波隆納火車站一出站，朝著主廣場的主街道一路前行，經過義大利古城中最有名最美麗拱廊騎樓，就抵達 Via Caprarie 和 Via Drapperie，這兩個區域間都是美食餐廳及傳統街市，周邊巷弄也隱藏了許多食材和美食名店，因時間不夠，所以我只能主攻傳統街市這一條路線。

這種歐洲古老傳統街市，雖然不像南法露天市集般活力四射，但它就像你我生活周遭的老鄰居般，瀰漫著濃厚的人情味。這裡的北義蔬果相當豐富多彩，各種番茄及紫茄的可愛模樣，讓人忍不住快門按不停，巷弄間裡也有許多當地人喜愛的火腿老店、新鮮手桿麵條和義大利餃，值得煮婦們前往挖寶。

走逛到 Via Pescherie，整條街道幾乎都是專賣火腿的餐廳，決定要挑一家來品嘗波隆納在地和北義艾米利亞·羅馬涅省出產的知名火腿美食，相中一家「Simoni Laboratorio」，外觀看起來人氣頗高，於是走進去坐下後，先觀察旁邊食客點些甚麼，然後依樣畫葫蘆的點了一份火腿拼盤，點餐人員驚訝地提醒我一盤約等於兩人的分量噢？！我回答：「沒關係就是要這個！而且請你幫我搭配一杯酒。」

Simoni Laboratorio
https://goo.gl/ybc1Rl

Coin
http://en.coin.it

Twinside Bistrot
https://goo.gl/Khj08X

許多人可能會跟我一樣，雖然初來乍到義大利火腿的故鄉，傻傻分不清楚哪些有名，因此，店家貼心地放置艾米利亞‧羅馬涅省火腿分佈圖的文宣，清楚標示哪些城市盛產那種肉品種類，拼盤上菜後，服務人員還會進行簡單介紹，雖然有聽沒有懂，但不管是哪個城市的火腿都非常好吃，搭配不同起司或巴什米克醋，連搭配的漬番茄、朝鮮薊和橄欖的小菜都十分迷人，不知不覺就嗑完兩人份的火腿拼盤連同附餐麵包，酒足飯飽頂著一個快撐破的肚子，繼續去逛義大利知名生活用品百貨品牌 Coin，敗了許多花色餐墊和圍裙，才滿心歡喜地離開此地。

回程時，在靠近火車站的路上找到一家義大利餐廳「Twinside Bistrot」，網站上評價不錯，翻閱門外的義英雙語菜單，本想點家傳食譜義大利餃子肉湯（Tortellini in brodo）和傳統波隆納手工肉醬麵（Tagliatelle alla bologna con il ragu tradizionale），但因為這個時間只供應波隆納肉醬麵，所以只好放棄品嘗餃子肉湯，所幸手工麵條超 Q 彈牙，肉醬口感清爽、風味奇佳，吃得好滿足。

Università di Bologna
http://www.unibo.it/it

## 學校裡竟然還有市集可以逛
## **世界最古老的大學**

波隆納大學（Università di Bologna）成立於1088年，被認證是世界上最古老的大學，但現今最著名的參觀景點居然是解剖檯！膽小的我自動放棄這個參觀行程。

跟著路上背著背包、捧著書的年輕學子們，走進古老建築街區，兩旁牆面上的前衛塗鴉藝術，有種經典與前衛混搭的衝突與活力，和威尼斯大學優雅的貴族氣息截然不同。隨意走逛校區，沒想到竟巧遇小小農夫市集，來買菜的顧客大多不是大學生而是附近鄰居，其中最夯的一家小吃攤，不論學生們或婦女們都非常捧場，湊近一看，老舊的烤盤搭配著斑駁的木作蛋糕櫃，現炸的雜菜點心和家常烘焙糕點十分搶手，由於店家完全無法說英文，只好跟著熟客買搶手貨，點了一小份酥炸雜菜點心，雖然不知道裡面有甚麼，口感大概就像是日本的蔬菜天婦羅吧。

# 來自波隆納的浪漫教授

## 隔空遠距離教學

這趟歐洲之行，在佛羅倫斯的租車公司認識一位義大利年輕的帥氣男子，負責用英文向我們解說行車方向及回答任何詢問，講解完後就隨意聊了一會，聊到旅行就話匣子停不下來，離開前還互留了姓名和聯絡方式，他教我唸他的名字「法拉維歐」，我告訴他這名字聽起來好像是在跳舞呢！

開車途中，法拉維歐一直保持聯絡和關心，他希望我們回到佛羅倫斯還車離開前，還能一起喝杯咖啡，結果天不從人願，發生太多意外插曲，我們就彼此錯過了。趕上火車後回覆他的簡訊並告別，法拉維歐告訴我：「今天提早下班一直等待我回覆訊息，最不想聽到的只是告別，要說有天我們會再相見！」

義大利男人是出了名的天性浪漫，而且從不羞於表達愛意，他總是說義大利人從來不喜歡隱藏情感，喜歡順著感覺、試著發展一段感情，他問我是不是一個浪漫的人？我回答，如果以義大利的標準來看，那應該是不及格吧！他居然回覆那他就有義務要教會我浪漫……，從此我戲稱他為浪漫教授 Professor of Romantic，浪漫教授果真把我調教得很好，開始學會輕鬆表達當下情感，雖然是遠距離教學，也不確定能不能拿到學分畢業，但是和世界另一端的人，分享旅行和生活點滴，隨心所欲、自由表達情感與關懷，實在是一種特別的生命經歷！

結束歐洲旅行回台灣後，有幾次跟浪漫教授聊天，得知他是波隆納人，而且經常自己下廚，他說從小生長在義大利美食重鎮，根本無法適應別國的食物，不管旅行到哪裡，總是要自己下廚才能撫慰那顆忠心愛國的義大利胃，我請他教我一道最簡單的家常菜，他找了一道最愛也最簡單的波隆納所歸屬艾米利亞·羅馬涅省著名小吃「Piadina」英文食譜給我，還線上隔空講解作法步驟，雖然不知道教授有沒有親自考試的一天，就當作我最浪漫的廚房習作吧！

# 一起下廚：浪漫教授的波隆納火腿夾餅

**器具** 6 吋（15cm）鑄鐵小煎鍋

- 麵粉／250g
- 豬油（或奶油）／55g
- 牛奶／125 ml
- 泡打粉／1 茶匙
- 鹽／1 茶匙
- 橄欖油／1 湯匙

- 火腿／2 片
- 番茄／2 片
- 起司／隨喜
- 芝麻葉／隨喜
- 巴什米克醋／1/2 茶匙

**作法**

① 調理盆中放入麵粉、鹽、泡打粉拌勻。
② 把軟化過的豬油或奶油切丁，慢慢拌進調理盆與麵粉搓揉均勻。
③ 分批次倒入鮮奶，繼續搓揉麵粉直到形成不沾粘調理盆的粗麵糰。
④ 乾淨的料理板上撒些許麵粉，將麵團放上用擀麵棍從四方來回搓勻，形成表面平滑的麵糰。
⑤ 將麵糰分成 9 顆小麵糰（為了符合 6 吋小煎鍋），麵棍將麵糰擀成圓形薄餅。
⑥ 鑄鐵小煎鍋中火熱鍋後刷上橄欖油放下生麵薄餅。
⑦ 大約每面煎五分鐘後試著用叉子旋轉煎餅然後兩面翻煎到自己喜歡的焦度起鍋。
⑧ 煎餅上先放上芝麻葉、番茄薄切片、起司接著淋上些許巴什米克醋，最後放上火腿片，將圓餅夾著餡料對摺就是簡單又美味的波隆納家常煎餅小吃了。

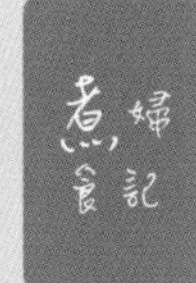


浪漫教授的傳來的英文食譜不難，他在Line裡教自己平常做法的步驟更是隨性簡單，麵粉攤在桌上中間撥個洞，加奶油、牛奶和一撮鹽，麵糰揉到不沾手就擀成圓餅煎一煎，夾上自己喜歡的餡料馬上就可以吃！重點這可能是義大利廚房最基本工夫，所以說得簡單，但光想到要擀麵糰變餅皮……怎麼會簡單啊！不得不佩服義大利人為了吃可以不怕麻煩的天性！

# 14 佛羅倫斯

佛羅倫斯，義大利文藝復興的重鎮，

詩人徐志摩筆下的翡冷翠，我知道這是文青旅行義大利必來朝聖之地，

但是這次只帶煮婦魂來歐洲趕市集，甚麼旅遊書都沒帶，

對觀光景點的期望就是上網查，有遇到算撿到囉！

雖然居遊佛羅倫斯時，過著行程相當鬆散的生活，

但在民宿廚房裡卻認識好多奇妙的室友，

每天和不同室友一起下廚共享餐桌時光，

內心總是盈滿著豐沛的能量，

宇宙好像派他們來傳話，指引著我去該去的地方

或是透過他們分享人生經歷彰顯生命的意義。

# 中央市場

## 媽媽咪呀！煮婦魂想在此定居

佛羅倫斯的中央市場（Mercato Centrale），是我居遊在此的生活重心，因為民宿在距離車站步程大約五分鐘的地方，所以每天在家吃完早餐後，就輕輕鬆鬆地散步去逛市場。

中央市場是座大型的室內傳統市場，外觀則是一棟有年紀的「古堡」，老實說有點小失望，個人酷愛「年久」但對「失修」卻相當有意見，也許我是個絕對視覺系動物，所以重視「色相」。

市場周邊被皮件攤商包圍得一團亂，殺出一條「血拼」路之後，才能找到不起眼的市場入口。走進市場後，你會發現這裡是個與外觀截然不同的「市界」，攤商繁多，每攤的蔬果食材，顏色種類之豐富，讓人燃起一股熱血心情！這半年的大旅行，從紐約、古巴到墨西哥，然後又從巴黎環地中海到義大利，在趕市集的旅程經驗中，義大利傳統市場裡的美食風景最讓人著迷，內心常常響著「媽媽咪呀！」的義大利口頭禪，也是煮婦魂最想定居的地方！

火腿、臘腸、乳酪攤是歐洲市集裡的要角，蔬果攤上特殊的黑玉米、艷紅造型番茄、鮮黃節瓜與南瓜、環肥燕瘦各種紫茄，就連掛著的辣椒干與蒜串，

也讓我著迷。有一家專門賣松露醬料和菇類乾貨的老店，還僱請日英雙語的店員解説商品，逛了幾天之後，最後根據預算買了迷你瓶裝的松露醬料，貼心的日本店員還特別提醒剛進貨的真空牛肝菌菇乾貨很值得入手，所以也順便買了這樣野菇燉飯裡的靈魂風味。

來到這裡也不能放過超人氣 Nerbone 美食牛肚包，每天都大排長龍，有天剛好人少，趁此機會點好牛肚包，沿著加工流程到負責切肉老師傅這裡，目不轉睛地看著他處理肉品，突然，有位熟客大叔手一伸接走一盤綜合拼盤，淋上鎮店青紅二醬（青醬與辣醬），配上麵包，感覺醬料應該是厲害角色，所以也請老師傅幫我加上，令人驚豔的口感果然是只有熟客才懂的好滋味啊！

市場的二樓是現代感十足的美食街，裡面有間 Eataly 是我在它的故鄉走進的第一家店，特地買了粉橘色的野餐保鮮袋作為紀念。二樓有一家巧克力專門店，熱巧克力粉十分值得推薦，每天早晨先預熱牛奶在慢慢放進巧克力粉，用小火拌勻，熱呼呼的喝下，是件非常撫慰身心的醒神儀式啊！

Mercato Centrale
http://www.mercatocentrale.it

# 讓我一見鍾情的所在 花店咖啡館

從南法一路趕行程抵達佛羅倫斯，總算有長一點的居遊時間，讓身心可以好好放鬆，享受在地的生活。早上睡到自然醒，起床悠哉做早午餐，至於咖啡就留給逛市場買完菜後，去咖啡館愛店 La Menagere 享用，歇個腿順便欣賞吧檯流動的人文風景。

在這裡出沒的佛羅倫斯男女，每個都散發出古典優雅的氣質，從小鮮肉到熟男大叔，甚至有型的阿公，都令人賞心悅目！咖啡醒腦，美男子是用來醒神！所以 La Menagere 是每天讓我 power ON 的重要行程。

La Menagere
http://www.lamenagere.it

## 好可愛的魚廚房
## 看主廚心情的餐點天天有驚喜

居住在佛羅倫斯期間，大部份都是溫差大的陰冷微雨天（建議還是避開秋末和冬季前來），第一天抵達傍晚，得去超市採買民生用品跟基本食材，但走在寒冷雨天找餐廳讓人好崩潰啊！

所以，我遇到了一間小小的海鮮店 I'Lisca Cucina di Pesce（中文翻譯成好可愛 I'Lisca Cucina 的魚廚房），窗外看進去海鮮冷藏櫃的海鮮擺設好熱鬧，決定要進去瞧瞧有甚麼美食。沒想到從店員到老闆娘幾乎都不會英文，也沒有英文菜單，雞同鴨講溝通半天，最後只能點一盤綜合海鮮義大利麵「Seafood , Mix , Pasta , Hot（手勢比小辣）」，滿心惶恐地害怕等一下會不會端出跟期待十萬八千里的東西，但一看到澎湃分量的綜合海鮮筆管麵上桌時，滿心歡喜地直覺這盤一定好吃的不得了！

果真不出我所料，驚人分量全下肚之外，還用附餐麵包抹醬汁吃把盤子抹得乾淨溜溜地，後來幾天，若不想下廚就會來這裡大快朵頤一番，每次來都同樣點這道，每次口味也都不一樣，端看主廚當天心情，用筆管麵就會加點茄汁，長條手擀麵就加很多辣椒，海鮮配料也不一樣，但都吃得很過癮。

I'Lisca Cucina di Pesce
https://www.facebook.com/chef1962/

## 行家的甜蜜眷戀

# 義大利最古老的冰淇淋店

澳洲籍夫妻 Harry 和 Farah，是居住在佛羅倫斯時遇到最耐人尋味的一對室友，他們已屆退休年紀，擔心到退休後就沒有體力環遊世界了，於是決定離開澳洲開始大旅行計劃。

Farah 是個射手座愛自由的女人，本來打算終身不嫁的想法嚇壞整個家族，直到中年才嫁給一樣愛旅行的 Harry，從此樂於跟隨他浪跡天涯，她像姐姐般對我說：「我們的個性很相似，所以請相信我，那個適合陪伴妳的人，就在世界某個角落等待相遇的時機成熟，在妳還沒遇到他之前就盡情做自己熱愛的事吧！」Farah 說這番話時，廚房陽台外的陽光灑在她狂野奔放的金髮上更加耀眼迷人，Harry 爽朗的笑著附和妻子，那個早晨我內心深受一種美好的能量鼓舞著至今難忘。

Harry 說，他從年少就愛上義大利老店 Vivoli 的冰淇淋，因為 Farah 總是禁止他吃甜食，但這次特別央求太座准許在佛羅倫斯期間，每天嘗一杯 Vivoli 的冰淇淋，其它地方則聽從管束！我聽了超級好奇 Vivoli 到底有甚麼魅力讓他如此思念？Harry 說這是佛羅倫斯最古老的冰淇淋店，每一種口味他都如數家珍，每天都去試不一樣的品項，去到最後連店員都很喜歡跟他們說說笑笑，解說各種口味特色，即使後面大排長龍的客人也不管，十足地義大利人看心情辦事的風格。

每天他們回來，都會跟我分享今天點了甚麼冰淇淋，並耳提面命一定要試試提拉米蘇口味，禁不住好奇，我也找到老店 Vivoli，點了咖啡、香草、巧克力和提拉米蘇，沒想到一吃成主顧，竟也開始每天傍晚回家前就來這裡報到，回家與 Harry 和 Farah 分享今天試了甚麼好口味，3 個人吃得不亦樂乎，玩的也不亦樂乎啊！

Vivoli
http://vivoli.it

GIOVANNI DUPRÈ
Vivoli
Il Gelato

# 和加拿大侍酒師好姐妹們一起做菜

## 闖進民宿室友的廚房

Jenn 和 Tammy 是我這趟旅途中超級懷念的歡樂室友，她們兩位都是加拿大專業的侍酒師，這趟旅行除了吃美食外還要試酒，所以每天晚上都會帶幾瓶酒回家在廚房試喝。

個性活潑爽朗愛笑的大女孩 Jenn 和性情溫暖講話幽默的 Tammy，居住在佛羅倫斯的那幾天，我們都約晚上在廚房見！有天晚上大家打算各自準備一道料理交換這趟旅行學的食譜，因為 Jenn 是蔬食主義者，但她不會做菜，於是就擔任音樂 DJ 和侍酒師，我做一道尼斯女人沙拉，Tammy 選擇做在波隆納餐館吃過，憑著味覺記憶用「巴什米克醋」（Balsamic Vinegar）靈魂調味的「Tammy's Balsamique Bruschetta」。

Bruschetta 是一種義大利很普遍蒜味烤麵包為基底的小點，上面會有各種配料變化的作法，這次 Tammy 試做的是番茄和巴什米克醋為主題的 Bruschetta，她分享義大利人抹蒜烤麵包的小技巧很受用，番茄丁邊試吃邊調整佐料的風味，等沙拉做好上桌，烤箱也叮咚出爐蒜味烤麵包，Tammy 把調味好的番茄丁放上再穿插放置中央市場買的起司，漂漂亮亮上桌。她們非常驚艷尼斯女人沙拉如此奇妙的口感！回房拿最愛的 Kusmi Tea 準備要泡熱茶時，她們兩位驚呼天啊！這 BB Detox 是淨腸茶耶！此起彼落笑鬧乾杯 poo poo tea，打賭明天誰是 poo poo 大贏家？！現在每泡一次 BB Detox 都會想念我們那晚在餐桌上笑鬧的 poo poo tea 大賽。

# 一起下廚：油醋番茄普切塔

## Tammy's Balsamique Bruschetta

### 材料

- 番茄／1顆
- 蒜瓣／3個
- 羅勒葉／少許
- 軟乳酪／少許
- 海鹽／少許
- 黑胡椒／少許
- 橄欖油／少許
- 巴什米克醋／少許
- 法國麵包／一條

① 番茄剖開，先挖掉中間的籽但記得把皮留下，切成丁之後放進調理碗裡備用。
② 蒜頭切成橢圓型的蒜瓣，法國麵包斜切成橢圓長型片狀。
③ 羅勒葉切細碎之後撒進調理碗裡，淋上橄欖油、巴什米克醋和黑胡椒拌勻。
④ 將蒜瓣在法國麵包切片撮抹上蒜香，再刷點上些許橄欖油。
⑤ 烤箱使用 200 度預熱後，把麵包放進烤箱約烤 10 分鐘左右（視個人喜歡焦脆度調整時間）。
⑥ 麵包出爐前三分鐘，用番茄丁再加海鹽調味（防止鹽很快讓番茄出水）。
⑦ 麵包出爐後擺上軟乳酪再鋪上番茄丁然後趁熱吃。

番茄丁最後放鹽調味是為了防止蔬果太快出水，這也是義大利人教Tammy的小撇步，因為出水後就容易破壞巴什米克醋、乳酪及酥脆麵包的口感，果真清爽沒有滴滴答答的番茄丁，讓味覺得以專心品嘗各種食材層次在口中交融的美好滋味。

# 探索佛羅倫斯廚藝教室

## 道地的義大利餃子麵條自己做

歐洲菜系中我最鍾愛義大利料理，還沒開始大旅行計劃前，就經常收看料理節目「跟著義大利老奶奶學做菜」，主持人唐諾（Donal Skehan）悠遊在義大利各城鎮鄉間，向老奶奶學道地的義大利家常菜。

也因此，旅行前我就開始搜集在義大利跟媽媽或奶奶學做菜的資訊，佛羅倫斯所屬的托斯卡納省擁有許多的廚藝教室及各種料理課程，城區多為現代廚藝教室，西恩納周邊則有較多傳統料理的莊園廚藝教室。最後我決定選擇 MaMa Florence 廚藝教室，因為時間和預算之故，只能報一堂「Homemade Pasta Cooking Class」。

到了上課那天，一進教室就發現走簡單風格的廚藝教室中，竟然有著美麗的半露天後院，一直夢想擁有鄉間小屋的我，也希望能有個小花園當後院，還有半露天戶外用餐區，這裡活脱脱就是我的夢想參考範本！

上課時間到了，開始料理之前，老師先閒聊自己的資歷，他曾是餐廳大廚，結了婚有了小孩後，因為苦於餐廳工作太忙碌，無法兼顧孩子，所以才決定離開職場經營 MaMa 廚藝教室，並在喜歡的工作與陪女兒成長中取得平衡，在廚藝教室也不需要受限於餐廳限制，可以融合自己純熟的料理專業技術進行味覺試驗，更能自由盡情地向喜歡義大利美食的人們，傳遞分享既傳統又帶著新意的味蕾體驗。

老師説，他認為好吃的手工義大利麵必須堅持麵粉和雞蛋都要用最好的！唯有健康的雞蛋蛋黃，才能做出自然美麗的麵條顏色，選用最好的麵粉，才能做出彈牙的麵條口感，講解過食材之後，老師開始示範製作麵糰的步驟，然後用現代化的手動擀麵機器，做出各種麵條，如寬麵條、義大利餃皮和麵疙瘩，過程非常有趣，大家也玩得好開心！

麵條做完後，開始進行醬料示範，老師說他不喜歡用麵粉或加工鮮奶油去讓醬汁變濃稠，所以希望我們試著多用天然馬鈴薯泥去增添濃稠度，或者自然調和各種蔬菜，以形成醬汁的特殊風味。老師教了黃醬、青醬及紅醬三種醬汁，其中黃醬加入黃椒的清新美味口感，讓大家非常驚艷，也讓我至今難忘！

另外，老師也教大家做簡單的前菜與甜點，前菜是用南瓜泥襯上羊乳酪，然後在乳酪上灑上糖霜，並用火焰稍微炙烤出焦糖香，淋上增添風味的巴什米克醋就是一道美味又簡單的創意前菜。甜點則是以健康的優格布丁，上面搭配義大利盛產甜度酸度不一的混搭葡萄切丁，並淋上獨特蘋果風味的巴什米克醋，帶有酸溜溜又自然甜的滋味，嘗起來十分美妙！尤其盛在手工拉胚製作而成彩繪陶碗裡時，視覺味覺都是種滿足。

上過前菜後，老師分別使用大家做的麵條及餃子搭配各種醬料一道道上菜，麵疙瘩搭配青醬、義大利餃搭配黃醬、寬麵搭配紅醬，大家一邊吃一邊讚嘆好吃，配上老師特別挑的紅、白酒佐餐酒，越吃越開心、越吃越開胃，不知不覺中盤盤清空啊，最後要上甜點時，覺得自己已經到達極限了，但竟然也忍不住一口接一口嗑掉了！最後離開教室前，跟老師買了一直很想要的一體成型擀麵棍，質感好且輕盈，兩邊把手雕刻的線條也很漂亮，這才滿心歡喜的下課扛著戰利品回家。

MaMa Florence
http://www.mamaflorence.com/en/courses/

# 一起下廚：**黃色甜椒醬汁義大利餃**

### 材料

- 黃色甜椒／1顆
- 洋蔥／1/2顆
- 馬鈴薯／1顆
- 新鮮巴西里葉／少許
- 海鹽／少許
- 橄欖油／少許
- 義大利餃／250g（可換成筆管麵）

### 作法

① 將甜椒、洋蔥及馬鈴薯切成丁，巴西里葉切碎備用。
② 先完成醬汁製作。用一只鑄鐵鍋，加些許橄欖油用中火熱鍋後，把洋蔥丁炒軟變金黃。
③ 加入馬鈴薯丁繼續翻炒大約五分鐘。
④ 再加入黃色甜椒丁翻炒後，加入600ml的水煮滾，用鹽調味，多少可自行依照喜好調整。
⑤ 調完味之後，轉小火繼續把馬鈴薯和甜椒煮軟約莫30分鐘。
⑥ 再將所有食材倒入調理機，打成柔順的甜椒泥醬。
⑦ 義大利餃或義大利麵遵照包裝上的煮法說明煮好後盛盤。
⑧ 淋上鮮黃色的甜椒泥醬汁，再撒上新鮮巴西里葉細末即可。

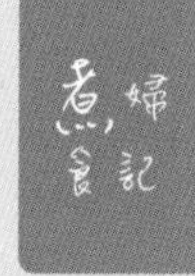


這道完全靠馬鈴薯，沒有加入麵粉、奶油或鮮奶油的濃稠醬汁，對身體極為健康，只需要多花點時間等待馬鈴薯燉軟爛即可，但天然食材的鮮味，搭配甜椒清新的口感，就連嗅覺也能感受食物的清香，令人驚豔的味覺感受更是難忘，在義大利人身上我們總是能見到對食物專注的熱情，願意用花時間去成就一道實實在在的美食！

# 15 托斯卡尼

《托斯卡尼的艷陽下》這部電影讓我染上義大利熱的病毒，

潛伏期很長且侵入心髓，

美好的生活光景足以讓人心生嚮往，因為一個好Sign！

女主角在旅途中幸運買下托斯卡尼老舊莊園重新開始人生，

故事相當療癒人心。印象非常深刻，她對義大利友人訴說，

好希望能在廚房裡為心愛的人們煮食佳餚，在美麗庭院裡舉辦一場婚禮。

貼心友人在聖誕節時送她爐灶守護神「聖羅倫佐」，

盼望在祂的守護下能完成她的心願。

所以自此心裡就一直有個念想，好想居遊托斯卡尼尋找那尊爐灶守護神，

所幸，這趟歐洲行，廚房閨蜜查拉小姐，願意一起壯膽開車前往，

才有機會完成夢想， 擁有屬於我們在托斯卡尼艷陽下難忘的回憶！

## 入住莊園民宿

# 我們竟然包下整座橄欖園！

從高速公路下交流道，經過佩薩河谷塔瓦內萊（Tavarnelle Val Di Pesa）鎮上，幾個轉到頭暈的圓環之後，終於開上一條狹窄的鄉間路，沿途盡是起伏丘陵的美麗景色，橄欖樹隨處可見，不久後抵達我們這次預訂的莊園民宿 Podere Vigliano。

引導我們進入莊園的，是負責管理橄欖園的亞歷山卓，因為他只能說簡單的英文，所以請我們先休息片刻，等負責管理民宿的尼卡洛斯來解說設備和辦理入住手續。我們這次預訂一房一廳一衛一廚的房型，小巧可愛的廚房和厚實的原木餐桌，都是我的心頭好！環顧周遭，發現莊園身處在橄欖園中，後方一望無際的橄欖園和葡萄園，點綴著一幢幢莊園和絲柏樹，不禁覺得怎麼這麼幸運，可以擁有這麼美好的托斯卡尼旅程！

但入住當晚的閃電暴雨，讓我們馬上從天堂掉到地獄，從餐廳回莊園後，發現總電源斷電，入門處的餐廳地板積水，尼卡洛斯緊急先幫忙復電和處理積水，檢查設備後發現廚房電爐嚴重受潮無法使用，其它地方都正常可用，請我們今晚先好好休息，明天早上他會處理。

隔天早晨水電工來之後，確定暫時修不好了，尼卡洛斯決定幫我們換去隔壁兩層樓、面對丘陵景色的獨棟房型，喔～媽媽咪呀，原來命運之神沒有拋棄我們，只是有更巧妙安排啊！搬進獨棟樓也太幸福了，客廳沙發環繞的壁爐，營造出濃濃的鄉居氣氛，廚房獨立的大型工作檯，是煮婦們下廚最喜歡的地方；二樓有兩個房間，一面是莊園景、一面是丘陵景，我們輪流睡莊園景的房間，早晨醒來睜開眼看見陽光實在太美太美了！坐在窗邊的單椅沙發上，可以欣賞一望無際的丘陵景色，旁邊沒有情人陪沒關係，被自然美景擁抱已經很幸福。

Podere Vigliano
http://www.poderevigliano.it

居住在 Podere Vigliano 這幾天，似乎沒有看到其他客人入住，或許是進入秋末，天氣溫差大，也過了度假旺季，遊客人數也減少許多，每天就像包下整座橄欖園般自在，早晨暖陽下在莊園散步拍照時，都會遇到正在整理橄欖樹和採收橄欖的亞歷山卓，和他聊天問東問西，他問我們有沒有興趣去參觀橄欖油工廠，拜託這等好事我們怎麼會放過呢！於是約好他休假前的下班時間順道帶我們去參觀，這趟鄉間旅行除了住在橄欖園，還意外收獲了參觀橄欖從採收到進工廠製油的過程，在煉油廠裡喝下初榨的第一道橄欖油，香氣撲鼻入口帶些微辛辣的滋味，令人難以忘懷！

## 超有家鄉風格 好買又好逛
## 托斯卡尼市集

居住在莊園期間，尼卡洛斯貼心提醒我們鎮上有一周一次市集，於是我們簡單吃點東西後，就趕緊前往鎮中心趕集去了！

因為一周才一次，所以當地居民早早就把市集周遭的停車位都給停滿了，走進市集後，映入眼簾的景象竟十分眼熟，除了蔬果攤，還有賣睡衣家居服、五金雜貨、鍋碗瓢盆和各種雜貨攤，彷彿是我生長的花蓮鄉間，每周一次的夜市，或是鳳林鎮上的市場，覺得十分親切。

我們在蔬果攤上逗留最久，有些蔬果在佛羅倫斯市場裡似乎沒見過，但語言不通也無法詢問料理方式，只好簡單買些蔬果，另外一區有熟食攤跟海鮮肉品攤，我買了烤豬肋排和半份烤雞，還有一些淡菜及醃漬花枝，大包小包買完準備去市集中心時，看見查拉小姐披著超好看的圍巾走過來，我這個圍巾控怎麼能放過任何買好看圍巾的機會呢！於是趁收攤前也匆匆選購幾條圍巾和漂亮的貓頭鷹別針，鄉間的物價真的俗擱大碗，住宿房價也是物超所值，如果喜歡鄉間、葡萄酒、自己下廚的人，長時間居遊托斯卡尼真的是享受義大利最美好的選擇。

"TRAMONCOSTA"
Le Primizie

SOPRA + FEDERE
€25.00
SOTTO ANGOLI
€ 13.00
COPPIA DI
FEDERE
COLORI VARI
100% COTONE
MIS: 52 x82
€ 7.00

Ristorante La Fattoria
http://www.ristorantelafattoria-chianti.com/index.html

# 造訪莊園餐廳
## 口福眼福都很飽的用餐經驗

Ristorante La Fattoria 莊園餐廳，是當地人推薦美食的名單之一，抵達托斯卡尼的第一天傍晚就造訪這家餐廳了。

餐廳位於鄉間小路的盡頭，位置非常不明顯，但走進去之後，發現它有寬敞的大院子，厚實古樸的磚造屋舍，綠藤盤繞牆面的造景，空氣中還飄來一股柴窯的味道，這才是印象中的托斯卡尼的莊園呀！

晚餐開放入座後，我們是第一桌客人，研究半天菜單，點了烤羊排、牛肝菌菇義麵，還有一份根據英文字義大概是鄉村時蔬燉菜，點餐人員則依照點菜內容推薦附近酒莊 Poggio al Bosco 出產的紅酒。

燉菜搭配麵包和牛肝菌菇燉飯一起上菜，飢腸轆轆的我們極需美食安撫，麵包鋪上燉菜以胡椒和起士調味，十分可口，牛肝菌菇燉飯濃郁的醬汁包覆彈牙的米飯，每口都讓人滿足，配上點餐人員推薦的紅酒，帶點黑醋栗的果香，令人相當驚艷。柴窯燒烤羊排出爐上桌前，餐廳送上一杯鼠尾草檸檬雪酪，雖然只是一杯清口用的小點，滋味卻美妙地讓我們讚不絕口。

正當開心大快朵頤享用美食時，突然閃電一來，下起暴雨，雨水從樑柱順勢下流，飛濺到臉上，積水還淹到腳邊，整頓飯吃得相當狼狽，讓人哭笑不得啊！在某個陽光明媚的周日午間，又再來用餐想好好彌補記憶，走進餐廳一看，前方一桌義大利帥哥，左邊一桌帥哥們的妻兒，陸續還有帥哥美女進場入座，我們當下立馬開玩笑要重點筆記：「這家餐廳列入周日午餐必來，飽口福順便飽眼福！」。

"LA FATTORIA"

# 造訪義大利著名產酒區

## 奇揚地酒莊之旅

預訂完莊園住房，發現我們即將生活在義大利有名的奇揚地（Chianti）酒莊產區裡，根據資料顯示，奇揚地產區定義是在佛羅倫斯到西恩納兩個城市之間，但要掛上奇揚地出品的酒必須遵循製程公約認證。我們雖然不熟紅酒產區，品酒專業知識也不足，但有緣分居住在產酒名區，怎麼可以不增長見識呢！所以我們挑了兩家酒莊去參觀順便備酒，一家是尼卡洛斯推薦的 Antinori Chianti Classico，另一家則是在 La Fattoria 莊園餐廳愛上的那瓶紅酒的酒莊 Poggio al Bosco。

Antinori Chianti Classico 是一間奇揚地古老且頗負盛名的酒莊，外觀設計感十足，建築線條與葡萄園融合的比例非常優美，進入酒莊，彷佛走入館藏豐富的藏書館或是美術館，吧檯會提供試酒酒單，可依自己的興趣與口感先點單杯試試看，也可以請侍酒師推薦。

至於 Poggio al Bosco，雖然不似 Antinori Chianti Classico 酒莊這麼有名氣，規模也較小型，但我們都好喜歡它的親和感及人情味，抵達時正逢酒莊的休息時間，我們只好在葡萄園附近閒晃，發現有些葡萄樹前種植玫瑰花，我聽過放古典音樂養牛，能產出好品質鮮奶，那在葡萄園中種玫瑰，釀出來的葡

Antinori Chianti Classico
http://antinorichianticlassico.it

Poggio al Bosco
http://poggioalbosco.it

萄酒該不會特別浪漫吧？查拉小姐説好像是為了預防病蟲害才種植的，至於真正原因可得好好來問主人。

酒莊主人的孫女負責接待外客和介紹商品，年紀輕輕又爽朗大方，和她簡短聊了我們的喜好，她也熱心幫我們搭配三種不同風格的試飲，分別是特別年份的 Chianti Docg Riserva 2009、奶奶的最愛口感偏甜 Eclissi 2011-Igt Toscana Rosso 和個人推薦 Eclissi 2011-Igt Toscana Rosso，當下我倆最喜歡奶奶最愛那瓶酒，既好喝又覺得可以分享酒莊老奶奶的最愛，心裡還多了甜甜的滋味，於是帶了 Eclissi 2011-Igt Toscana Rosso，以及我們最愛的 Chianti Docg 2013。

買完東西閒聊下，才知道原來冠名奇揚地（Chianti）的酒都必須遵從公定的配方（Recipe），每個奇揚地酒區的酒莊，都會產出相當大比例 Chianti Recipe 的酒，部份小比例可以出產自己研發的酒。離開前我終於解開玫瑰花的疑惑了，女孩笑説並不是為了甚麼浪漫的理由，而是玫瑰花對於病蟲害最敏感，它與葡萄樹都怕同一種類似的病蟲，所以一旦發現玫瑰有甚麼異樣時，他們就可以提早預防葡萄樹受到蟲害的風險。

# 我們的托斯卡尼廚房

## 和閨蜜一起做菜的回憶

查拉小姐，是在餐飲業工作時認識的朋友，每當廚房實驗有問題，她是第一個想求教的廚房閨蜜，她也很想去托斯卡尼，這次決定放下手邊忙碌的工作，前來和我會合，一起壯膽開車勇闖托斯卡尼，我們幻想是輕鬆開車兜風在鄉間絲柏樹之路，去市集買買菜，下午在院子曬暖陽微醺放空，晚上邊喝酒邊下廚，度過愜意生活，大部份心願都完成，唯獨開車這件事情想的太美了，它其實是把我倆搞得神經最緊繃的事情！

鎮上市集採買大包小包回家的那天，是托斯卡尼廚房最澎湃熱鬧的一天，回到家開瓶酒來喝喝，村婦和海女就開始忙碌備菜了，查拉小姐笑稱自己是村婦，要試做農家蔬菜雜炊，我則是瞎忙的海女，買一大堆淡菜卻沒看清楚殼上青苔這樣多，去苔就用掉一小時，最後大火熱炒並豪邁地用義大利綜合辣椒香料調味，也不過幾分鐘就輕鬆上菜，倒是村婦的農家蔬菜雜炊用料豐富，細細調味燉煮，傳出陣陣飄香，我倆做菜的路線真是截然不同，村婦非常細緻，海女就是豪邁，但結論就是一樣都好吃啦！

# 一起下廚：**豪邁海女的嗆辣淡菜**

## 材料

- 淡菜／500g
- 蒜頭／3 個
- 海鹽／少許
- 乾辣椒／2 根
- 黑胡椒／少許
- 橄欖油／2 湯匙
- 料理白酒／2 湯匙
- 新鮮巴西里葉／少許
- 義大利蒜辣綜合香料／1 大匙

## 作法

① 淡菜把殼刷洗乾淨後泡水大約 30 分鐘讓它們吐沙。蒜頭切成蒜瓣、乾辣椒切段、巴西里葉切細碎後備用。

② 煎鍋放入橄欖油熱鍋後放入蒜瓣，煎至金黃取出留下蒜香油。

③ 煎鍋繼續放入辣椒乾切段爆香，然後撈起淡菜，瀝水後放進鍋中大火快炒。

④ 撒進一湯匙義大利蒜辣綜合香料（Aglio Olio e pepperoncino）之後繼續翻炒。

⑤ 再撒鹽和黑胡椒視自己口味調味。

⑥ 直到看見一顆淡菜開殼後，嗆入些許料理白酒，繼續大火讓所有淡菜殼打開。

⑦ 最後灑上新鮮巴西里葉細碎即可豪邁上桌。

我嗜辣，所以在佛羅倫斯市場香料店鋪第一個會買的就是乾辣椒！再來被義大利蒜辣綜合香料的顏色給吸引而購買了，但後來熱炒過淡菜嗆辣好滋味後，我就徹底愛上這道菜，主要是因為蒜末跟辣椒本身就很美味，再加上其他香草更添風味！

註：查拉的村婦蔬菜雜炊食譜：www.deva-living-studio.com

## 見習家庭大廚的料理權威與廚藝小撇步

## **闖進義大利老奶奶的廚房**

受到電視節目《跟著義大利老奶奶學做菜》的影響，行前就一直查Cooking with Nonna（奶奶的義大利文）資料，找到一家「Cooking Classes with Nonna Ciana」的廚藝教室，位於距離托斯卡尼名城西恩納Siena不遠的近郊，而且是在一座農場上的古老莊園，立刻就報名了。

這一天，我們早早起床出發，高速公路下交流道進入狹小丘陵路後再進入鄉間產業道路，當抵達莊園的農場時，令人興奮的景色就在眼前，一座古老壯麗的托斯卡尼莊園，前庭有廣大草原，樹下設置戶外用餐區，早晨的空氣異常清新，我們抵達時間過早，只好在戶外徘徊閒逛拍照，看到有人出來，以為是莊園工作人員，一問才知道是住宿的客人，原來這裡提供住宿服務，心裡默默地想著，如果還能再來托斯卡尼，這裡一定要列入口袋名單第一名！

走進教室看到Nonna Ciana和廚房助理在打理上課要用的東西，隨後幫

Nonna Ciana 口譯英文的助教也到了，等同學陸續到齊後，Nonna Ciana 從麵糰做法開始示範，英文助教同步翻譯，等各組都揉完麵糰後，老奶奶扛出長長的擀麵棍，不同於佛羅倫斯 MAMA 教室有輕鬆現代化的製麵機，在老奶奶的廚房絕不可能有這玩意！全部都要乖乖親手做！

麵條做完之後，奶奶接著示範南瓜雞肉義大利麵的醬料做法，這裡面可是有許多老奶奶做菜的小撇步；例如醃雞肉不需要把手弄髒，只要將雞肉塊、醃料和些許麵粉全部倒進料理密封袋裡，掐住封口，開始上下左右的搓揉即可。還有，義大利人喜愛蒜的香氣，卻不會真正吃下它，因此煎南瓜丁前，需要辛香料的提味，蒜過油爆香之後就要撈起，再用蒜香油及香料拌炒南瓜入味，這時，老奶奶突然想起提醒大家，這道醬料千萬不要用奶油代替橄欖油煎南瓜，「不要用奶油！」義文講完還要自己用英文強調一次！可見千萬不要在廚房挑戰老奶奶大廚的權威。

除了主食，奶奶也教大家做三種義大利家常點心：番茄羅勒普切塔、蒜香普切塔和起士蜂蜜普切塔，最後用農莊出產的甜酒搭配一種厚實餅乾沾著酒吃的小點心作為課程的結尾。跟著老奶奶學做菜和別廚藝教室有著非常不同的感受，畢竟老奶奶一輩子在自己的廚房掌廚，有許多料理的小撇步是用時間與經驗所累積出來的智慧，千萬別小看這些技法，可不是在其他地方或書本上學得到的，但卻是有助於省時省力的好幫手，或是增添風味的小魔術呢！

Cooking Classes with Nonna Ciana
http://www.cookingclassesnonnaciana.com

# 一起下廚：**辣味南瓜雞肉義大利麵**

**材料**

- 南瓜／半顆
- 雞胸肉／450g
- 特級初榨橄欖油／3湯匙
- 義大利寬麵／300g
- 蒜頭／1顆
- 紅辣椒乾／1條
- 新鮮香草
  （可選用月桂葉或丁香）／1支
- 鹽／少許
- 黑胡椒／少許
- 麵粉／少許
- 肉桂／少許

**作法**

① 雞胸肉切成小塊放入保鮮袋裡加入些許麵粉、鹽、黑胡椒和肉桂粉，縮口讓空氣充滿保鮮袋，上下左右晃動肉塊，使其均勻裹上麵粉及調料之後，放置一旁約莫10分鐘。
② 蒜頭切成蒜瓣，起一個煎鍋，放入2匙橄欖油之後，熱鍋，放入蒜瓣、香草和辣椒乾爆香，蒜瓣變金黃時即可撈出。
③ 把南瓜丁放進煎鍋，與香草和辣椒翻炒至金棕色，取出香草和辣椒乾。
④ 加杯熱水繼續把南瓜煮軟熟並用鹽和黑胡椒調味。
⑤ 同時間，將義大利寬麵遵照包裝煮法步驟，煮熟後撈起瀝水備用。
⑥ 起另一只煎鍋，加入1匙橄欖油，熱鍋後放入醃過香料的雞胸肉塊，翻煎至微微焦香。
⑦ 肉塊煎好後放入南瓜煎鍋裡翻炒入味，加入些許煮麵水，再調味變成醬汁，此時再將煮好的麵條放入醬料煎鍋拌勻即可。

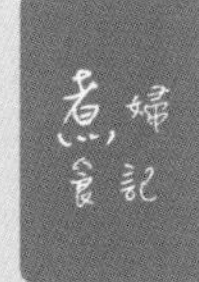


老奶奶教保鮮袋醃肉法真的超好用又不髒手，南瓜加辣的風味是我的心頭好，現場做的手工寬麵Q彈可口，只是做工真的很繁複，在此建議大家還是去買比較快，在老奶奶的廚房學做菜，並且和大家一起在莊園餐廳用餐，氣氛已經一百分了，老奶奶的家常菜不僅滿足我的味蕾也滿足心靈！

# 西班牙
# SPAIN

# 色彩繽紛的熱情國度

16 巴塞隆納

# 16 巴塞隆納

旅行過這麼多城市，我的最愛依舊是紐約，但細想真正最嚮往長居的地方卻是巴塞隆納，因為這整座城市是如此的豐富多彩，孕育出這麼多鬼才藝術家，鼓舞著城市中的後輩創意者，盡情地把熱情投注到生活與生命裡。

也因此，身為一個旅人旅行至此，參觀過米拉之家、
巴特婁之家、奎爾公園和聖家堂，除了不斷驚嘆高地的狂想，
解放建築曲線，讓生活空間可以這樣饒富意趣，也羨慕於西班牙人的生活
美學、市場空間的藝術性和食物陳列的色彩活力，
還有佛朗明哥音樂舞蹈表達出對生命的熱烈，如此震撼人心，
怎麼能讓人不深深著迷這城市熱情存在的所有魅力呢？！

## 最懂市場美學的城市
## 巴塞隆納市場巡禮

第一次來巴賽隆納走逛波格利亞市場（又稱聖荷西大市場，Sant Jocep，Mercat de la Boqueria），簡直是驚呆了！這世界上怎麼會有一個如此巨大，擁有這麼多吧檯餐廳，卻又色彩繽紛的美麗市場啊！完全顛覆我對傳統市場的印象。這座古老市場入口處的彩色玻璃穹頂已經夠吸引人了，進入市場後，除了地中海特有食材的繽紛色彩之外，攤商規劃跟海報視覺設計，都讓人讚嘆西班牙人的奔放創意與美感！

另一座由兩位西班牙建築設計夫妻檔，改造翻新的舊市場——聖卡特琳娜市場（Mercat de Santa Caterina），也帶給我視覺與印象上相當大的震撼。波浪藝術彩繪的屋頂，遠遠看就很吸睛，陽光灑落在戶外用餐區，美得無話可說，市場最新鮮美食直送餐桌，是名副其實的饕客天堂，市場規模雖然沒有波格利亞市場大，人潮也沒這麼多，卻反而多了一分精緻優雅的空間氛圍，食物採買與用餐都相對便宜，如果想從容在市場享用美食，這裡也許才是好選擇。

巴塞隆納傳統市場改造風潮實在很有看頭！每個都在比翻新創意、比設計、比精彩，先預告一座劇說即將於 2017 年翻新完成的最大市場——聖安東尼市場（Mercat de Sant Antoni），目前依舊在施工狀態，朋友說這座市場應該在 2017 年完工了，真是恨不得有時光機帶我立馬穿越它重新啟用的未來啊！

Mercat de la Boqueria
http://www.boqueria.info

Mercat de Santa Caterina
http://www.mercatsantacaterina.com/index.php

Mercat de Sant Antoni
http://www.mercatdesantantoni.com/index.php

## 西班牙民宿

# 從生活到餐桌都是藝術

前往巴塞隆納旅行之前，上網搜尋喜歡的 airbnb 民居，瀏覽著網頁中民宿的花磚地板、厚實木製傢俱、鍛鐵花窗、生氣蓬勃的陽台與小庭院，以及空間軟件的配色與創意，光看這些圖片就戀愛了我！

第一個居住的民居是一樓老屋改造過的現代生活空間，打算一直保持單身生活的西班牙姐姐，在買下老屋後，親手設計改造整個格局，把狹長空間切分成三塊不同功能的生活區域。面對街道是生活起居室、中間是露天小花園，盡頭則是一處安靜的工作室書房，屋內牆面採圓弧設計，面對中庭花園陽光充足的地方，就留給廚房及沙發區，花園還有一個可以享受陽光被大樹及花草圍繞的戶外餐桌。

我很感謝能夠擁有居住這棟民居的機會，從她打點生活瑣事中，學到很多簡單享受生活的藝術，例如：每天早上上班前她會邀請我一起去花園吃早餐，鋪上美美的餐桌巾，用喜歡的食器裝盛優格，點綴不同顏色的水果，簡單卻講究的早餐，搭配上讓人心情愉悅的食器，展現出只要多用些心思，就能把平凡食物加分的生活美學，讓人看得開心、吃得滿心喜悅，她樂於和我分享許多巴塞隆納生活家居用品店，也告訴我許多利用餐桌墊轉換餐桌氣氛的好點子，自此旅行開始習慣搜集不同異國情調的餐桌墊，即使是現在，無論是自己下廚或邀請朋友聚會，都會想起巴塞隆納姐姐教會我的餐桌生活美學！

## 在地設計師的家居生活品牌

## 買物狂不能錯過的好去處

西班牙姐姐推薦的生活用品店家中，我最愛的是室內設計師 Jaime Beriestain 所創立的同名家居用品店，和由巴塞隆納設計師創立的生活品牌 La Mallorquina！

Jaime Beriestain 除了販賣生活用品之外，旁邊還開設咖啡館餐廳、花藝區和酒吧區，這四區都精彩呈現其創意品味，在這樣多彩多姿又熱情奔放的城市生活，設計師敏銳的天賦被不斷滋養著，物件與色彩在巧思與慧眼選擇搭配下，展現出不可思議的美感效果。Jaime 不僅擁有設計品味，同時也很講究美食美酒，本身喜歡料理，所以餐廳不只在空間和食器有美感，食材選擇、料理方式和擺盤也相當有質感。我很喜歡季節手作甜點和沙拉，一端上桌就讓人忍不住愛上他充滿創意的靈魂，更別提主人本身是個優雅有型的優質男。

至於 La Mallorquina，則將西班牙傳統繡花的手工藝，結合潮流的設計元素與配色，混搭出獨特風格的家居生活用品，第一次見到色彩奔放又做工細緻優雅的抱枕、桌巾桌墊、廚房用品、臥房寢具，當下內心就是熱血沸騰，好想把整家店打包回家才能不揪心，西班牙奔放的色彩對我而言就是一種致命的狂熱吸引力！

Jaime Beriestain
http://www.beriestain.com

La Mallorquina
http://lamallorquina.es/en/

JAIME
BERIESTAIN

## 闖進台灣姐姐的廚房
## 他鄉遇故知 品嘗西班牙滋味

第二次居遊巴塞隆納暫住兩位台灣姐姐家，第一天抵達時姐姐還下廚做了醬燒肉和蔬菜湯配上白飯，在異鄉流浪一個多月得相思病的台灣胃當下被徹底撫慰了！

足女姐姐是個幽默風趣也非常浪漫的女人，下班回家第一件事，就是放音樂點蠟燭，切換到放鬆的生活模式，然後輕快的下廚就能變出超美味的家常菜，離開前的周末，姐姐做了幾道有著創意巧思的拿手好菜讓我大飽口福，除了吮指回味的蒜烤朝鮮薊，最令人銷魂的就是龍蝦海鮮燉飯。

巴塞隆納市場的海鮮漁獲 CP 值超高，姐姐從市場買回來活生生的龍蝦，小助手我目睹她快刀屠龍蝦的英勇行徑感到超級佩服，她超可愛用西文、中文、日文輪番上場安撫龍蝦要乖乖就範早死早超生啊！三兩下沒讓龍蝦受太多苦就讓它慷慨赴義了，我在旁看得好刺激又好笑，燉海鮮飯的同時，姐姐也順便教簡單烤出美味朝鮮薊的方法，當時盛產朝鮮薊超便宜又好吃，至今回台灣還十分懷念那滋味，美味的龍蝦海鮮燉飯熱騰騰上桌，每個人都不知不覺吃了好幾碗，撐著肚子在桌前還是繼續喝點小酒、吃著小菜、開心聊天，周末夜晚的巴塞隆納餐桌就該讓大家酒酣飯飽好盡興！

# 一起下廚：足女姐姐私房蒜烤朝鮮薊

材料

- 朝鮮薊／12朵
- 蒜頭／3顆
- 橄欖油／1量杯
- 海鹽／1茶匙
- 研磨黑胡椒／1茶匙
- 迷迭香／1茶匙

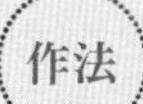

作法

① 將朝鮮薊花蕊尖部切平之後，泡水兩分鐘以防止烤焦，也會讓心蕊更柔嫩。
② 將蒜頭去皮切成蒜瓣大約6片，再切細丁之後倒入調理碗加鹽、黑胡椒、迷迭香和橄欖油調勻成為蒜油醬汁後備用。
③ 烤盤包覆錫箔紙，將朝鮮薊一朵一朵排好。
④ 用湯匙把蒜油醬淋上朝鮮薊，讓醬汁順著葉瓣滴進葉縫裡，蒜碎鋪在切面上。
⑤ 將烤箱預熱200度後，將烤盤送入烤箱烘烤20分鐘。
⑥ 拉出烤盤把剩餘蒜油醬再一次淋遍每朵朝鮮薊，繼續烤10分鐘即可。

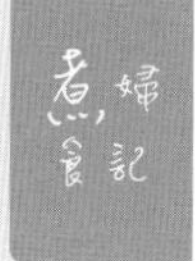


朝鮮薊盛產於地中海區域，從法國一路到西班牙的市場到處都有它的身影，查資料赫然發現在歐洲這可是護肝跟減肥的聖品耶！沿途很想買但又不知如何料理它們，幸好遇到足女姐姐喜歡吃朝鮮薊，她的料理方法既簡單又健康美味，層層剝開葉瓣，吮食被蒜油烤透入味的心蕊肉，真是讓人吮指難忘啊！

註：量杯是指市售烘焙用250ml量杯

## 風格不同的教室任你選
### 探索廚藝教室

這次煮婦旅徒的環地中海趕市集學廚藝旅途，抵達巴塞隆納就是終點站了。在巴塞隆納我也挑選了兩家廚藝教室 Cook & Taste 及 ESPAI BOISA 上課，Cook & Taste 教室上的是市場到餐桌的料理課程，ESPAI BOISA 教室則是創意 TAPAS 料理。

先說說 ESPAI BOISA，教室風格我最喜歡，位於小民宅裡，有個溫馨的家庭廚房，還有一座半室內小花園，空間牆面配色大膽奔放，洋溢著濃厚西班牙風情，夜晚點上燭火，牆上反射著樹藤搖曳光影非常迷人，上課報到時，我才發現是以西語教學，雖然全程老師很貼心地分配我做最簡單的甜點，並且努力用英文翻譯重點，但大多數時間還是有聽沒有懂，只能邊做邊學。

至於 Cook & Taste 則非常適合外國人參加！老師英文流利，也是餐廳大廚，教課則是興趣，課程從市場導覽行程開始，仔細解說市場動線設計的緣由，後端中央的海產生鮮區是最古老的區域，光從鍛鐵與馬賽克的花磚，就可以判

Cook & Taste
http://www.cookandtaste.net

ESPAI BOISA
http://espaiboisa.com

斷出店家資歷，然後老師帶著我們去他習慣採買的店家，教大家如何挑貨，還介紹有哪些店家會賣巴塞隆納近郊特產，果然有熟人帶路和自己瞎逛真的相差很大！

回到教室後，大家就洗手開始備餐料理，重頭戲正是大家最期待的西班牙傳統大鍋燉海鮮燉飯（paella），專門做西班牙海鮮飯的超大圓型扁平燉飯鍋，還要搭配擁有均勻爐火的漩渦式特殊爐灶，看著老師示範炒香料和海鮮，一遍遍細心淋上高湯燉煮，光是沒有加鍋蓋悶燒，就讓香氣陣陣飄散整個教室，同學們都要忍住不斷吞口水。

老師邊煮邊介紹：西班牙海鮮燉飯已經成為國民美食，即使如此，西班牙各區域煮出來的方式也各有不同，彼此還會嫌棄別人煮的不夠道地，爭論誰家手法才是正統，但在老師心中，只要用愛煮出來的西班牙海鮮燉飯都是美味，因為大鍋飯可是獻給家庭聚會的最佳料理呢！

# 一起下廚：**西班牙聚餐料理**

### 今日菜單

**主菜** 西班牙海鮮燉飯

**甜點** 加泰隆尼亞焦糖牛奶布丁

## 西班牙海鮮燉飯 ／份量：4人（Paella de Marisco / Seafood Paella）

### 材料

- 蝦子／4隻
- 烏賊／1/2隻
- 淡菜或蛤蜊／300g
- 豌豆／100g
- 蒜頭／2顆
- 番茄／2顆
- 紅色甜椒／1顆
- 青椒／1顆
- 洋蔥／1顆
- 橄欖油／6湯匙
- 紅椒粉／3茶匙
- 海鹽／1茶匙
- 魚高湯／4量杯
- 番紅花絲／8根
- 米（燉飯專用）／320g

### 作法

① 將蒜頭切成蒜碎，紅色甜椒切成條狀，洋蔥與青椒切丁後備用。
② 將新鮮番茄放入食物調理機，粗略打過之後變成新鮮番茄醬後備用。
③ 起鍋熱油後，先放入紅甜椒，以中火將它們煎至微微焦香取出備用。接著放入烏賊與蝦子，蝦子炒紅時取出放旁備用。
④ 鍋中繼續加入蒜碎、洋蔥丁、綠椒丁和豌豆繼續翻炒。同時取一湯鍋，加入魚高湯及番紅花絲煮至沸騰後轉小火備用。
⑤ 燉飯鍋內接續加入調理機粗略打過的新鮮番茄醬，再以紅椒粉、海鹽調味翻炒均勻。
⑥ 番茄醬湯汁水份收乾濃稠後，加入米翻炒均勻，接續批次倒入沸騰過的高湯蓋過食材。
⑦ 如果是傳統西班牙燉飯鍋不能翻動米飯中大火烹煮8分鐘，如果是其它鍋具，須視情況加高湯偶爾翻動鍋底食材避免底部燒焦。
⑧ 米飯九分熟且湯汁收乾至八成時，放上淡菜或蛤蜊，轉小火繼續燉煮10分鐘，等待它們打開。最後起鍋前放上煎熟的蝦子和紅椒裝飾完成，熄火等待五分鐘後上菜開動。

## 加泰隆尼亞焦糖牛奶布丁 ／份量：8人（Crema Catalana）

### 材料

- 全脂鮮奶／1公升
- 黃色檸檬／1顆
- 肉桂棒／1根
- 蛋黃／6顆
- 白砂糖／200克
- 玉米粉／40克

註：量杯是指市售烘焙用250ml量杯

### 作法

① 調理盆放入白砂糖和6顆蛋黃攪拌到成白色狀備用。將黃色檸檬洗淨後削一些皮備用。此時取一個碗，倒一杯牛奶進去，與玉米粉充分拌勻備用。
② 剩餘的牛奶倒入湯鍋，放入檸檬皮和肉桂棒，中小火煮滾。將做法1雞蛋與砂糖混和後的蛋黃醬，加入牛奶及玉米粉拌勻後的材料中，稍微攪拌混和。
③ 取一個濾網，緩緩調入做法2中沸騰過的牛奶，同時濾掉檸檬皮和肉桂棒，再將所有食材調理均勻後，放入湯鍋以小火慢煮到濃稠即起鍋。
④ 將濃稠的雞蛋牛奶醬汁分別倒入陶盅放涼，直至沒有熱水蒸氣後，蓋上保鮮膜放入冰箱冷藏30分鐘。
⑤ 準備餐後上甜點之前，從冰箱取出雞蛋牛奶布丁，並在表層撒上白砂糖用烤火噴槍烤出焦糖即可。

這次上廚藝課，才知道正統西班牙燉飯鍋必須配上漩渦式火力均勻的爐灶，才能在標準時間內，煮熟米飯且不焦鍋，而台灣爐灶最好還是用鑄鐵平底淺鍋來燉飯，批次加高湯，偶爾翻動底部食材防止焦鍋，持續到米飯煮熟湯汁收乾起鍋也一樣好吃。加泰隆尼亞焦糖牛奶布丁是道非常簡單家常甜品，據說孩子們在父親節時會親手做這道甜點送給爸爸呢！

市場採買 × 私房食譜
橫跨歐美 6 大國家找家鄉味

# 闖進別人家的

一趟煮婦的美食之旅，用味蕾紀錄旅途回憶，
全世界瞬間成為旅徒的廚房。

國家圖書館出版品預行編目(CIP)資料

闖進別人家的廚房：市場採買X私房食譜,橫跨歐美6大國家找家鄉味 / 梁以青著.
-- 初版. -- 臺北市：四塊玉文創, 2017.05
面； 公分
ISBN 978-986-94592-6-6(平裝)

1.世界地理 2.旅遊文學
719　　106006297

作　　者　梁以青
編　　輯　羅德禎
美術設計　劉錦堂

發 行 人　程顯灝
總 編 輯　呂增娣
主　　編　翁瑞祐、羅德禎
編　　輯　鄭婷尹、黃馨慧
美術主編　劉錦堂
美　　編　曹文甄
行銷總監　呂增慧
資深行銷　謝儀方
行銷企劃　李昀

發 行 部　侯莉莉
財 務 部　許麗娟、陳美齡
印　　務　許丁財
出 版 者　四塊玉文創有限公司

總 代 理　三友圖書有限公司
地　　址　106 台北市安和路 2 段 213 號 4 樓
電　　話　(02) 2377-4155
傳　　真　(02) 2377-4355
E－mail　service@sanyau.com.tw
郵政劃撥　05844889 三友圖書有限公司

總 經 銷　大和書報圖書股份有限公司
地　　址　新北市新莊區五工五路 2 號
電　　話　(02) 8990-2588
傳　　真　(02) 2299-7900

製版印刷　卡樂彩色印刷製版有限公司

初　　版　2017 年 5 月
定　　價　新台幣 395 元
ＩＳＢＮ　978-986-94592-6-6（平裝）